아빠 육아,
서툴러도 괜찮아

아빠 육아, 서둘러도 괜찮아

첫걸음부터 함께하는 임신·출산·육아 실전 가이드

초 판 1쇄 2025년 06월 26일

지은이 김경훈
펴낸이 류종렬

펴낸곳 미다스북스
본부장 임종익
편집장 이다경, 김가영
디자인 윤가희, 임인영
책임진행 이예나, 김요섭, 안채원, 김은진, 이예준
표지 일러스트 해화

등록 2001년 3월 21일 제2001-000040호
주소 서울시 마포구 양화로 133 서교타워 711호
전화 02) 322-7802~3
팩스 02) 6007-1845
블로그 http://blog.naver.com/midasbooks
전자주소 midasbooks@hanmail.net
페이스북 https://www.facebook.com/midasbooks425
인스타그램 https://www.instagram.com/midasbooks

ⓒ 김경훈, 미다스북스 2025, *Printed in Korea.*

ISBN 979-11-7355-300-4 03370

값 19,000원

※ 파본은 구입하신 서점에서 교환해드립니다.
※ 이 책에 실린 모든 콘텐츠는 미다스북스가 저작권자와의 계약에 따라 발행한 것이므로 인용하시거나 참고하실 경우 반드시 본사의 허락을 받으셔야 합니다.

미다스북스는 다음세대에게 필요한 지혜와 교양을 생각합니다.

아빠 육아,
서툴러도 괜찮아

첫걸음부터 함께하는 임신·출산·육아 실전 가이드

김경훈 지음

미다스북스

대부분의 아빠는
육아의 출발선에서 막막함을 느낀다.
기억하자. 엄마도 초보다.

내가 아빠가 된 것처럼,
아내도 엄마가 된 것이다.
같은 출발선에 서 있는 것이다

육아를 어렵게 생각할 필요는 없다.
기본에 충실하며 아이와 함께하는 시간을
소중히 여기고, 그 과정을 즐기면 된다.

처음부터 모든 것을 잘할 필요는 없지만,
어떤 아빠가 되고 싶은지는 스스로 정할 수 있다.

오늘은 서툴고 힘들지만

내일은 더

멋지고 좋은 아빠가 될,

_____의 아빠

_____을 위하여

읽기 전에

이야기의 중심은 '현실 육아'입니다.
이론보다 경험에 바탕을 두었습니다. 네 아이, 그중 세쌍둥이를 키우며 얻은 실제 사례를 중심으로 구성했으며, 완벽한 육아가 아닌 할 수 있는 육아, 지금 가능한 육아에 집중합니다.

책에 등장하는 아이의 시기는 '출산 이후부터 돌 무렵'까지입니다.
이 책에서 말하는 아이의 발달 단계는 신생아기부터 영아기까지, 즉 생후 0~12개월 전후를 기준으로 하고 있습니다. 시기에 따라 육아의 상황이 달라질 수 있다는 점을 염두에 두고 읽어주세요.

초보 아빠에서 세쌍둥이 목욕을 척척 해내는 '경력직' 아빠가 되기까지— 김경훈 작가는 매일 허둥대며 배우고, 네 아이와 함께 성장했습니다. 『아빠 육아, 서툴러도 괜찮아』는 그 시행착오의 기록이자, 아빠들을 위한 현실형 매뉴얼입니다.

아빠 효과(Father Effect)를 아시나요? 아버지의 적극적인 돌봄과 지지는 아이의 전반적인 발달에 골고루 영향을 미칩니다. 다수의 연구들이 아빠가 많이, 좋은 방향으로 육아에 참여할 수록 아이들은 사회 정서 발달이 뛰어나고, 아이들의 인지 발달 및 학업 성취에도 긍정적인 영향을 끼칩니다.

문제는 "어떻게 시작할까?" 하는 막막함이죠. 육아 정보와 더 많은 경험으로 무장한 엄마 앞에서 위축되기도 하고요. 육아서는 왜 다들 '엄마'를 대상으로 하는 걸까요?

이 책은 분만실에서 아빠가 할 수 있는 일부터 퇴근 후 '파트타임'으로 육아에 투입돼 아이 생활 패턴을 재빨리 파악하는 법까지, 오로지 아빠를 위해 추려 낸 실전 팁을 촘촘하게 담았습니다. 아이의 일상에 서툴러도 용감히 뛰어들고, 가족의 든든한 버팀목이 되고 싶은 모든 젊은 아빠에게 이 책을 권합니다. 완벽함보다 '계속 성장하는 아빠'가 되는 여정을 바로 여기서 시작해 보세요.

_ **김보경 작가** 『아이의 행동이 저절로 바뀌는 훈육의 정석』 저자

13개월 된 아들과 함께하는 1년간의 육아휴직을 앞두고, 설렘보단 걱정이 더 컸던 시기에 이 책을 만났습니다.

『아빠 육아, 서툴러도 괜찮아』는 육아가 낯설고 막막한 초보 아빠에게 꼭 필요한 말들을 따뜻하게 건네줍니다.

아빠도 아이와 함께 자란다는 말, 서툴러도 괜찮다는 위로가 마음 깊이 와 닿았고, 책을 덮는 순간엔 조금은 용기 있는 아빠가 되어 있는 저를 발견할 수 있었습니다.

이 책은 앞으로의 1년을 준비하는 제게 방향을 잡아준 고마운 동반자입니다.

_ **정이삭(이지부부)** 54만 육아 유튜버

촬영기간 내 퇴근이 없는 육아전투 현장에서 한 달 가까이 함께 한 전우로서 삼둥이 아빠를 존경하는 마음이 저절로 생겨났습니다.

치열했던 삼둥이들의 동시 배식 현장이 아직도 생생한데 그 사이 김경훈 작가가 전업 육아기간 동안 뽑아낸 고농축 '육아엑기스' 책을 썼네요. 출산을 앞둔 대한민국 초보 아빠들이 당장 써먹을 수 있는 현장형 지침서라고 생각됩니다.

_ **강효헌 PD**　KBS 〈인간극장〉 "세쌍둥이 육아를 명 받았습니다" 연출

프롤로그

누구나 처음은 서툴다, 아빠도 마찬가지다

엄마와 아빠의 출발선

아빠가 된다는 감정은 아이를 안는 순간 비로소 실감 난다. 머리로 알고 있던 변화가 몸으로 느껴지고, 익숙하지 않은 책임감이 눈앞의 현실로 다가온다. 하지만 그 시작은 대부분 준비되지 않은 상태에서 맞이하게 된다.

과연 내가 이 아이를 잘 키울 수 있을까?
아빠라는 역할을 제대로 해낼 수 있을까?

임신 기간 동안 어디서부터 '아빠 되기'를 시작해야 할지 몰라 망설이던 많은 아빠는, 아이를 처음 품에 안는 순간 비로소 '아빠가 됐다.'라는 사실을 실감한다. 출생의 순간은 단지 아이의 시작이 아니라, 아빠에게도 부모로서의 현실이 본격적으로 시작되는 시간이다. 엄마는 열 달간의 변화를 겪으며 부모가 되어가지만, 아빠는 아이를 눈으로 보기 전까지는 실감조차 나지 않는다. 그래서 더 어색하고, 더 서툴다.

출생 직후 많은 아빠가 이렇게 느낀다. '아내는 어느새 엄마가 되어 있는데, 나는 아직도 실감이 나지 않는다.' 실제로 임신과 출산을 경험하며 신체적·정서적으로 변화하는 엄마와 달리, 아빠는 그런 변화가 없다. 그래서 부모로서의 출발선도 다를 수밖에 없다.

아내는 입덧과 태동, 몸의 변화 속에서 '엄마'라는 감각을 서서히 쌓아간다. 그 과정에서 인내심을 기르고, 아이를 위해 불편함을 감수하는 일상을 자연스럽게 받아들이기 시작한다. 아빠의 대부분은 아이의 출생을 통해서야 비로소 부모 됨을 실감한다. 이 차이는 육아의 초반에서부터 드러난다. 엄마는 조리원, 산후 도우미, 주변 육아 선배들의 조언을 통해 기본기를 익힌다. 반면, 아빠는 그 모든 과정을 건너뛰고 '현장 투입'되는 경우가 많다.

그러니 당연히 서툴 수밖에 없다. 그런데 이 서툶에서 벗어나기 위해 어디서 배워야 하는지, 누구에게 도움을 청해야 하는지조차 막막하다. 대부분의 아빠는 엄마에게 배운다. 하지만, 이 방식은 종종 갈등을 만들기도 한다. 배우는 처지와 가르치는 처지가 부부라는 관계 안에서 이루어질 때, 오해가 생기고 감정이 상하기 쉽다. 대부분의 아빠는 육아의 출발선에서 막막함을 느낀다. 무엇부터 해야 할지 몰라 멈칫하고, 해보려 해도 서툰 손길이 불안하다. 하지만 육아는 실수를 거듭해도 포기하지 않고 반복하는 가운데 익숙해지는 과정이다. 특별한 기술보다 중요한 건, 오늘 하루 아이와 부딪히고, 해보고, 다시 시도하는 그 시간이다. 그렇게 천천히 자신만의 육아가 만들어진다.

이 책이 전하는 이야기

그 막막한 첫 시작을 함께 걷기 위해, 이 책을 썼다.

많은 아빠가 육아를 시작하면서 가장 먼저 마주하는 것은 '어디서부터 어떻게 해야 할지 모르는 막막함'이다. 인터넷에는 정보가 넘쳐나고, 주변에서는 조언이 쏟아지지만, 정작 아빠의 현실과 고민을 이해하고, 같은 입장에서 시작한 이의 이야기는 좀처럼 찾기 어렵다. 아이의 울음을 처음 들은 날, 무언가 달라졌다는 건 분명한데, 어떻게 달라져야 할지는 아무도 알려주지 않는다. 모든 게 처음이라 어색하고 조심스럽다. 그 마음은 누구나 지나온 길이고, 그래서 더 공감과 이해가 필요하다.

이 책은 모든 것을 완벽히 아는 누군가의 정답이 아니라, 같은 출발선에 섰던 아빠의 여정이다. 시행착오와 질문들, 작지만 분명한 배움의 순간들을 나누며 '아빠도 육아를 잘할 수 있다!'는 확신을 전한다. 많은 아빠가 처음엔 서툴고 실수투성이일 수밖에 없다. 하지만 그 안에서 아이와의 특별한 관계가 만들어지고, 그 과정에서 아빠도 자란다. 육아는 완벽함을 요구하는 일이 아니라, 아이와 함께 겪어가는 여정이다.

육아는 어렵지 않다. 중요한 건 아빠로서의 첫걸음을 떼는 용기다. 서툴러도 괜찮다. 당신은 이미 좋은 아빠가 될 준비가 되어 있다. 이제 아이와 함께 그 여정을 걸어가자. 당신의 노력과 시간이 아이에게 평생의 선물이 된다.

이 책의 목적은 단 하나, 아빠가 육아의 주체가 될 수 있도록 돕는 것이다. 임신부터 출산, 신생아기, 이유식과 잠재우기, 함께 노는 일상까지, 실제 경험을 바탕으로 아빠가 무엇을 어떻게 할 수 있는지를 구체적으로 설명한다. 단순히 육아 정보를 나열하는 것이 아니라, 네 아이를 함께 키우며 겪었던 시행착오와 깨달음을 담았다. 육아의 주체로 서려는 아빠에게 전하는 안내서이면서, 동시에 부부가 함께 부모가 되어가는 과정을 이야기하려 한다. 남편에게 선물하고 싶은 마음으로 이 책을 펼쳐본 엄마에게도, 지금 필요한 대화의 실마리가 되기를 바란다. 이 책을 읽는 아빠들이 '나도 할 수 있겠다'는 마음을 품을 수 있기를 바란다.

책은 다음과 같은 흐름으로 구성되어 있다. 1장은 아빠로서의 시작을 이야기한다. 서툴고 불안한 감정이 당연하며, 그 마음을 인정하고 받아들이는 것이 첫걸음임을 전한다. 2장은 임신 기간 동안 아빠로서 어떤 역할을 할 수 있는지, 그리고 부부가 함께 부모가 되어가는 과정을 다룬다. 3장은 출산 이후 100일간의 현실적인 육아를 중심으로, 아빠가 무엇을 해야 하고, 어떻게 배워야 하는지를 안내한다. 4장은 돌 전후 아빠가 할 수 있는 실질적인 육아 기술과 일상 루틴을 정리한다. 5장은 좋은 부모로 성장하는 여정, 함께 살아가는 삶에 대한 이야기를 담았다.

  이 책은 완벽한 설명서가 아니다. 시행착오가 담긴 생생한 기록이며, 아빠라는 이름으로 다시 태어나고 싶은 모든 사람을 위한 초대장이다. 지금, 이 순간에도 아이는 자라고 있다. 아빠가 될 준비가 되었다고 느껴질 때까지 기다려주지 않는다. 하지만 괜찮다. 아이와 함께 보내는 오늘이, 당신을 아빠로 성장하게 만든다.

  아빠의 시간은 지금부터다. 아빠라는 이름 앞에 자신 없어도 괜찮다. 누구나 처음은 서툴다. 중요한 건 오늘, 아이 곁에 있으려는 당신의 마음이다. 하루하루 쌓여가는 시간은 절대 헛되지 않다. 때로는 힘들고 지칠지라도, 그 모든 순간이 아이에게는 사랑이고, 당신에게는 아빠로서의 자산이 된다. 당신이 지금 이 책을 펼친 것만으로도, 이미 좋은 아빠로 향하는 길 위에 서 있다.

목차

읽기 전에 011
추천사 012
프롤로그 누구나 처음은 서툴다, 아빠도 마찬가지다 016

1장 처음은 누구나 서툴다

육아, 누구나 잘할 수 있다 027
하루하루가 낯설고 반복된다 033
완벽하지 않아도 괜찮다 038
이제는 당연한 선택 043
육아를 통해 나를 키우다 047
다르게 말해서 더 크게 자란다 051
시작부터 함께 서야 한다 057

(2장) 임신 중, 아빠의 자리 만들기

어떤 아빠가 되고 싶나요?　065

좋은 남편이 먼저다　070

달라질 일상을 준비하자　075

아빠 태교, 어렵지 않다　080

육아 선배 집에서 준비 시작　085

거절도 연습이 필요하다　090

언제든 출동할 준비를 하자　095

둘만의 시간을 소중히 즐기자　100

(3장) 출생 후, 아빠가 알아야 할 현실 육아

아이와 함께 아빠로 태어나다　109

육아는 어디서 배우나　115

신생아 3대 케어　120

100일의 기적은 온다　127

퇴근 후 육아, 패턴이 답이다　132

완벽보다 일관성이 중요하다　137

익숙해지면 또 달라진다　142

아이 울음에 대응하는 방법　147

4장 돌 전, 아빠와 아이가 함께 자라는 시간

육아는 늘 새로워진다　157
요령은 통하지 않는다　162
직접 해봐야 보이는 것들　167
아빠가 만드는 네 가지 루틴　173
루틴 ① 돌밥돌밥, 이유식의 현실　178
루틴 ② 함께 노는 아빠　183
루틴 ③ 태도가 애착을 만든다　188
루틴 ④ 아빠 주도 수면 교육　193

5장 좋은 부모는 함께 만들어진다

엄마도 꿈이 있다　203
육아의 절반은 보이지 않는다　208
지금 말고, 길게 보자　213
같이 가야 멀리 간다　219
서로의 시간을 존중하자　224
든든한 육아 동지를 만들자　229
기억에 남을 순간을 쌓아 가자　234
육아로 삶을 다시 배웠다　239

부록 아빠를 위한 육아 용어 사전　246

1장 처음은 누구나 서툴다

"잘 몰라서 그래.
이 아빠도 태어날 때부터 아빠가 아니잖아.
아빠도 아빠가 처음인데,
그러니까 우리 딸이 좀 봐줘."

– tvN 드라마 〈응답하라 1988〉 중에서

육아, 누구나 잘할 수 있다
기본부터 익히는 게 시작이다

아빠가 되는 순간, 우리는 전혀 새로운 세상에 발을 디딘다. 그 세상은 낯설고 두렵게 느껴질 수 있지만, 누구나 처음은 서툴고 어색한 법이다. 육아도 다르지 않다. 중요한 건 첫걸음을 내딛고, 그 안에서 자신만의 방법을 찾아가는 것이다.

첫째 도준이가 조리원에서 퇴소한 날, 나는 새로운 근무지로 옮기기 위해 아내와 아이를 남겨두고 떠나야 했다. 직업군인으로서 진출과 진입은 익숙했지만, 그때만큼은 쉽지 않았다. 아이를 데리고 돌아와 내 짐을 싸는 순간까지도, 아빠로서 제 역할을 하지 못한다는 미안함과 죄책감에 마음이 무거웠다. 아내는 나보다 더 힘든 상황에서도 오히려 나를 걱정했다. 본격적으로 육아를 시작했을 때, 아빠로서 힘이 되지 못했다는 미안함이 오래 남았다.

누구에게나 초보의 시절은 있다

그 시절, 나는 매주 200km가 넘는 거리를 왕복하며 주말 육아를 했다. 평일 동안 아내가 육아를 전담했고, 주말만이라도 아내가 쉴 수 있도록 노력했다. 그러나 주말마다 만나는 아이와 가까워지는 일은 생각보다 쉽지 않았다.

기저귀를 갈 때는 손이 떨렸고, 아이가 울면 이유를 몰라 당황하곤 했다. 아내는 울음소리만 들어도 배가 고픈지, 기저귀가 젖었는지, 아니면 더운지 추운지 금세 알아차렸다. 반면 나는 발만 동동 구르며 아이를 안아 달래는 것 외에는 뭘 해야 할지 몰랐다. '역시 엄마는 다르구나.' 나는 그저 아내의 지시를 따르는 보조 아빠처럼 느껴졌다.

아빠로서 아이에게 더 가까이 다가가고 싶었다. 그래서 퇴근 후 육아 서적을 읽고, 영상 강의를 찾아보며 공부를 시작했다. 책 육아, 놀이 육아, 미술 육아 등 다양한 방법을 배우며 주말마다 실천에 옮겼다. 하지만 지나친 의욕이 오히려 문제였다.

책 육아가 좋다는 말을 듣고 집 안 곳곳에 책을 펼쳐두며 아이에게 읽어주려 애썼다. 하지만 아이의 반응은 기대와 달랐고, 아내와의 사소한 다툼도 잦아졌다. 내가 펼쳐놓은 책들이 아내의 동선을 방해했기 때문이다. 잘해보려는 욕심이 앞섰다. 육아는 보여주기 위한 일이 아니라, 아이의 필요에 맞춰 기본부터 차근차근 실천하는 일에 가깝다.

기본에 충실해지자

육아는 복잡하거나 어렵게 생각할 필요가 없다. 가장 중요한 건 기본에 충실한 것이다. 아이의 생리적 요구를 채우고, 그 과정을 반복하며 아이와 교감하는 법을 익히는 데서부터 시작하면 된다. 기저귀 갈기는 육아의 시작이자, 기본 중의 기본이다. 신생아 시절엔 하루에도 수십 번 기저귀를 갈아야 한다. 기저귀를 간다는 건 단순히 지저분함을 치우는 일이 아니다. 아이가 불편하지 않게 해주고, 말은 못 하지만 그 신호를 알아차려 주는 일이다. 하루에도 몇 번씩 반복되는 이 과정에서 아이는 점점 아빠의 손길을 익히고, 아빠는 점점 아이의 반응을 읽어간다. 그 반복이 쌓이며, 자연스럽게 교감이 만들어진다.

육아는 거창하게 시작되는 게 아니다. 처음엔 기저귀 하나 갈아주는 일로 시작한다. 그 안에서 부모와 아이는 서로를 익히고, 익숙해지고, 가까워진다. 기저귀를 갈 수 있다는 것, 그것만으로도 기본을 지키고 있다는 증거다. 기본적인 육아는 단순해 보여도, 아빠와 아이가 서로를 익히고 교감을 나누는 시간이다. 아이가 울 때는 울음소리를 듣고 차분히 상황을 판단하면 된다. 배가 고픈지, 기저귀가 젖었는지, 아니면 단순히 안기고 싶어서 우는 것인지 차근차근 확인해 보면 된다. 아이도, 상황도 모두 다르다. 하지만 기본적인 돌봄을 반복하며 아이와 함께한 경험이 쌓이면, 점차 자신감이 붙고 상황 대처 능력도 길러진다. 기본에 충실한 육아는 또한 아이와의 정서적 유대감을 형성하는 첫걸음이 된다. 기저귀를 갈 때, 수유를 할 때, 아이를 재울 때, 아빠의 따뜻한 목소리와 손길은 아이에게 안정감과 사랑을 전달한다. 이런 사소한 순간들이 바로, 아이와의 애착을 만드는 가장 깊은 연결 고리다.

기본적인 역할만 해도 충분하다

이 기본적인 방법은 누구나 잘할 수 있다. 엄마는 출산 후 몸이 예전 같지 않아 회복하는 데 시간이 필요하다. 출산으로 인해 뼈와 근육이 약해져 있으며 호르몬 변화로 인해 감정 기복도 심해진다. 이런 상태에서 매일 5kg이 넘는 아이를 안고 달래며 돌보는 것은 큰 부담이다. 손목에도 무리가 많이 가고, 실제로 손목 터널증후군에 시달리는 엄마들이 많다.

아빠는 출생 이후에도 신체적으로나 체력적으로 변함이 없으므로 육아에 더 적극적으로 참여할 수 있다. 기본적인 돌봄만 익혀도 육아는 훨씬 쉬워지고, 아빠로서 더 많은 역할을 할 수 있다. 아이와의 애착은 기본적인 돌봄 속에서 자연스럽게 형성된다. 아이가 필요로 하는 것을 빠르게 알아채고, 그에 맞춰 대응하는 과정을 통해 아빠와 아이의 유대감이 깊어지게 된다.

아빠가 육아의 기본적인 역할을 담당하게 되면 엄마는 더 큰 힘을 발휘할 수 있다. 아빠는 체력적으로 여유가 있으므로 아이를 안고 달래거나 재우는 등의 역할을 더욱 적극적으로 할 수 있다. 이런 분담은 아빠와 아이 사이의 유대감을 깊게 하고, 엄마가 충분히 쉴 수 있도록 도와준다. 예를 들어, 아빠가 아이를 목욕시키는 동안 엄마는 잠시 쉬거나 자신의 시간을 가질 수 있다. 이렇게 역할을 분담하면 부모 모두가 더 건강하고 행복한 육아 생활을 할 수 있다.

막상 해보니 생각보다 어렵지 않았다. 울음의 의미는 정확히 몰라도, 먹고 자고 기저귀를 챙긴 시간대를 떠올리며 짐작하면 충분했다. 지금은 밥시간이니까 배가 고픈가 보다, 아니라면 불편한 게 있겠다고 생각하고 하나씩 확인해 주면 된다. 어쩌면 아이를 편안하게 만들어 주는 것은 아빠가 더 잘할 수 있다. 아빠의 기본적인 역할만으로도 육아의 무게가 달라진다.

자신감을 가지자

육아는 거창한 이론이나 복잡한 방법이 필요한 것이 아니다. 기본에 충실한 육아만으로도 충분히 잘할 수 있다. 아이를 돌보는 기본적인 방법만 익혀도, 아빠의 역할을 충분히 해낼 수 있다. 처음에는 서툴고 어렵게 느껴질 수 있지만, 반복적인 실천을 통해 점점 익숙해지고 자신감도 생기게 된다. 아이의 요구를 이해하고 그에 맞춰 대응하는 과정에서 부모와 아이 모두 성장할 수 있다. 특히 기본적인 돌봄 속에서 아빠와 아이의 애착은 자연스럽게 형성된다. 이러한 애착은 아이의 정서적 안정과 건강한 발달에 중요한 역할을 한다.

육아를 어렵게 생각할 필요는 없다. 기본에 충실하며 아이와 함께하는 시간을 소중히 여기고, 그 과정을 즐기면 된다. 육아는 누구나 잘할 수 있다. 자신감을 가지고 아이와 함께 성장하는 여정을 즐기자.

"야, 너도 할 수 있어." 당신은 이미 충분히 좋은 아빠다.

> **육아에 바로 써먹는 한-줄 가이드**
>
> 좋은 아빠의 길은 처음부터 잘하는 사람이 아니라,
> 매일 부딪히며 단단해지는 사람의 몫이다.

하루하루가 낯설고 반복된다
보상이 없는 뫼비우스의 띠

끝이 없는 육아의 여정

육아(育兒)의 사전적 정의는 "어린아이를 보살피고 기르는 일"이다. 말은 간단하지만, 막상 육아를 시작하면 이 정의가 얼마나 현실과 동떨어져 있는지 곧 알게 된다.

아이를 기르는 일은 단순한 돌봄 이상의 의미가 있다. 아이의 건강을 돌보고, 정서적으로 안정되게 만들어 주는 일은 물론, 먹이고, 입히고, 씻기고, 재우는 모든 과정이 포함된다. 여기에 더해, 집안일, 요리, 청소 같은 일들까지 부모의 하루를 채운다. 결국 육아란 부모의 삶 전체를 감싸는 끊임없는 반복의 연속이다. 특히, 처음 아빠가 된 사람에게 육아는 그야말로 끝없는 루틴처럼 느껴진다. '오늘은 어제보다 더 나아질까?'라는 기대를 품고 하루를 시작하지만, 결국 또다시 기저귀를 갈고, 울음을 달래고, 산더미 같은 집안일을 처리하는 자신을 발견하게 된다. 육아는 시작도 끝도 없는 '뫼비우스의 띠'를 닮았다.

   군 생활을 하면서 가장 힘들었던 훈련 중 하나는 행군이었다. 수십 킬로미터를 걷는 동안 발바닥은 불에 덴 것처럼 아팠고, 어깨에 멘 군장은 점점 더 무거워졌다. 그런데도 행군을 견딜 수 있었던 이유는 명확한 끝이 있었기 때문이다. 도착지에 다다르면 모든 고통이 멈추고, 뒤에는 쉬는 시간이 기다리고 있었다. 훈련은 고되지만, 끝이 보인다. 내가 가야 할 길이 명확하고 목표 지점에 도착하면 숨을 돌릴 수 있는 여유와 성취감이 따라온다. 하지만 육아는 다르다. 육아에는 도착지가 없다.
   기저귀를 갈고, 아이를 재우며 '이제 끝났다.'라고 생각하는 순간, 곧바로 다음 일이 기다린다. 이유식을 준비해야 하며, 흩어진 장난감을 정리해야 한다. 이런 끝없는 반복 속에서 문득 실감하게 된다. 육아는 그 어떤 훈련보다 더 고되고, 끝이 보이지 않는 여정이라는 사실이다. 이 반복이 육아의 본질을 이루고 있다. 군대 훈련은 정해진 목표를 향해 나아가는 일이지만, 육아는 매일 새로운 목표를 스스로 만들어가며 반복하는 여정이다.

육아는 돌봄이 전부가 아니다

   육아휴직을 결심했을 때는 그저 '아이만 잘 돌보면 된다.'라고 생각했다. 막상 시작해 보니 돌봄은 육아의 일부분에 불과했다. 기저귀를 갈고 아이를 달래는 사이 빨래가 쌓이고, 이유식을 준비하느라 주방은 어질러진다. 설거지를 마치면 이번엔 산더미 같은 장난감이 기다린다. 하루 종일 이런 일들이 반복된다.

더 고된 점은, 이런 일이 매일 이어지는데도 눈에 보이는 성과가 없다는 것이다. 40km 행군을 마치면 힘들어도 '해냈다'라는 성취감이 따른다. 하지만 육아에서는 그 감정을 좀처럼 느끼기 어렵다. 아무리 많은 기저귀를 갈고 아이를 돌봐도, 눈앞에 남는 것은 또다시 기다리고 있는 다음일 뿐이다. 이런 끝없는 반복 속에서 종종 좌절감이 밀려왔다. '나는 잘하고 있는 걸까?'라는 의문이 머리를 떠나지 않았다. 아무리 최선을 다해도, 돌아오는 건 아이의 울음인 경우가 많았다.

그 과정에서 가장 크게 느낀 것은, 육아는 혼자 감당할 수 없는 일이라는 점이었다. 처음에는 '내조의 하나로 일하는 엄마에게 부담 주지 말고 혼자 잘 키워보자.'라는 단순한 생각으로 시작했다. 하지만 시간이 지날수록, 육아는 한 사람이 감당하기엔 훨씬 복잡하고 무거운 일이라는 걸 실감했다.

육아는 함께하는 것이다

많은 아빠가 일을 핑계로 육아를 엄마에게만 맡기는 경우가 많다. 나 역시 처음엔 '나는 일을 하니까, 육아는 엄마가 해야 한다.'라는 고정관념을 가지고 있었다. 그러나 그 생각이 얼마나 위험한 착각이었는지를 깨

닿는 데 오래 걸리지 않았다. 육아를 엄마에게만 맡기면, 육아와 가사에 쏠린 부담 때문에 엄마는 결국 지치게 된다. 이는 아이와의 관계뿐 아니라 부부 관계에도 부정적인 영향을 미친다. 더구나 아빠가 육아에 참여하지 않으면 아이는 아빠와 정서적 유대감을 쌓을 기회를 잃게 되고, '아빠는 항상 바쁘다.'라는 인식을 하게 될지도 모른다.

육아는 혼자 감당할 수 없는 책임이다. 엄마와 아빠가 각자의 역할을 다하며 함께 나눌 때 그 무게는 비로소 감당할 만한 것이 된다. 내가 육아휴직을 결심하고 아이들과 함께하는 시간을 늘렸을 때 가장 크게 느낀 변화는 아이들과의 유대감이 깊어졌다는 점이었다. 기저귀를 갈고, 이유식을 준비하고, 잠들기 전 동화책을 읽어주는 일상을 반복하며 아이들은 점점 나를 신뢰했다. 아빠가 자신과 함께한다는 믿음은 아이들의 행동과 표정 속에서 분명히 드러났다. 처음에는 힘들고 낯설었지만, 그런 아이들의 반응이 내게 육아를 계속할 이유와 힘이 되었다.

함께하는 육아는 부모와 아이 모두에게 선물이 된다. 부모가 함께 육아에 참여하면 아이는 자신이 사랑받고 있다는 강한 안정감을 느끼게 된다. 또한, 부부는 서로의 노력을 이해하며 더 깊은 신뢰와 파트너십을 형성할 수 있다. 무엇보다 부모도 변한다. 육아를 통해 인내심과 공감 능력이 자라고, 문제를 해결하는 새로운 방식들을 익히며 자신이 성장하고 있음을 느끼게 된다. 육아의 반복은 때로는 끝이 보이지 않는 고된 여정처럼 느껴지지만, 그 속에서 부모와 아이는 조금씩 더 단단해지고 가까워진다. 결국 육아란 혼자 감당하는 일이 아니라, 함께 만들어가는 과정이다. 아빠가 일과 육아 사이에서 균형을 맞추며 아이와 함께하는 시간은 엄마를 돕기 위해서가 아니라, 부모의 책임을 다하고 아이의 성장과 자신의 변화를 위한 소중한 기회다. 육아가 힘들게 느껴질 때마다 혼자가 아니라는 사실을 기억하자. 함께하는 육아는 단순한 반복이 아니라, 가족 모두가 성장하고 연결되는 여정이다.

> **육아에 바로 써먹는 한-줄 가이드**
>
> 육아는 혼자 할 수 없다. 육아는 나눌수록 가벼워지고, 함께할수록 깊어진다.

완벽하지 않아도 괜찮다
육아는 올림픽 경기가 아니다

아빠가 된다는 것, 그리고 현실

아빠가 되는 순간, 전혀 다른 세계로 들어선다. 처음 아이를 안았을 땐 가슴이 벅찼다. 하지만 그 감정 뒤에는 설명하기 어려운 두려움이 따라온다. '좋은 아빠가 되고 싶다.', '아이에게 따뜻한 기억으로 남고 싶다.'라는 마음이 자연스럽게 생긴다. 머릿속에는 이상적인 부모의 모습이 떠오르고, 퇴근 후에도 아이와 시간을 보내겠다고 다짐한다. 화내지 않겠다고 마음먹고, 인내심을 잃지 않겠다고 자신을 다잡는다. 그 다짐은 오래가지 못한다. 시간이 지날수록 점점 부담이 된다. 잘하려는 마음이 클수록 작은 실수에도 자책하게 되고, 하루를 버텨낸 몸으로 다시 아이를 돌보는 일이 점점 더 힘겹게 느껴진다.

퇴근하고 집에 돌아오면 몸이 천근만근이다. 그런데 아이는 그런 피로와는 상관없이 돌봄을 요구한다. 기저귀를 갈고, 분유를 먹이고, 재우려

애써보지만, 뜻대로 되지 않는다. 울음을 달래보지만, 오히려 더 크게 울 때가 많다. 무엇이 잘못된 건지 모르겠고, 아이를 이렇게밖에 달래지 못하는 내 모습이 계속 마음에 걸린다. '좋은 아빠가 되고 싶다.'라는 마음보다, '나는 괜찮은 아빠가 아닌 것 같다.'라는 생각이 먼저 떠오른다.

하지만 육아는 처음부터 잘해야 하는 일이 아니다. 완벽한 계획대로 흘러가지도 않고, 누군가의 기준을 따라가야 하는 일도 아니다. 아이와 함께 부딪히고, 실수하면서, 그 안에서 조금씩 길을 찾아가는 과정이다. 하루하루를 지나며, 아빠라는 자리를 천천히 배워가고, 그 자리를 내 삶 안에 채워가는 일이다.

육아는 경쟁이 아니다

육아는 기술을 완벽하게 익혀야 하는 올림픽 경기가 아니다. 트레이시 호그와 멜린다 블로우는 『베이비 위스퍼 골드』에서 "육아는 일정한 목표를 세우고 그에 도달해야 하는 경기가 아니다."라고 말한다. 아이의 성장 속도와 개성이 모두 다른 것처럼, 육아의 방식도 부모와 아이의 상황에 맞게 조율되어야 한다. 정해진 기준이나 비교가 아니라, 각자의 방식으로 만들어가는 과정이다.

육아를 완벽하게 해내야 한다는 부담은 내려놓아도 된다. 육아는 정해진 루틴을 따라가야 하는 시험이 아니다. 누구나 육아를 배우는 과정에서 서툴 수 있다. 처음에는 실수도 잦고, 아이가 원하는 것을 정확히 알지 못해 답답할 때도 있다. 아이는 부모가 완벽하기를 바라지 않는다. 부족하지만 함께하려는 태도가 중요하다.

부모가 되면 자연스럽게 완벽한 부모가 되어야 한다는 부담을 느끼는 건 당연하다. 아이에게 최선을 다하고 싶은 마음이 강해질수록, 자신을 더 몰아붙인다. 조금만 잘못해도 후회가 몰려온다. 아이가 넘어질 때마다 바로 손을 내밀어야 할 것 같고, 감기라도 걸리면 내 탓처럼 느껴진다. 조금만 피곤해서 시간을 못 내도 스스로 부족한 부모처럼 여겨진다. 그렇게 육아는 즐거움보다 의무처럼 다가오고, 부담은 차곡차곡 쌓여간다.

정신분석가 도널드 위니코트는 충분히 좋은 엄마(Good Enough Mother) 개념에서 "완벽한 부모가 되는 것보다, 부족한 모습 속에서도 아이와 함께하는 것이 더 중요하다."라고 설명한다. 그는 부모가 실수하면, 아이는 세상이 완벽하지 않다는 것을 배우고, 자기 방식대로 문제를 해결하는 능력을 키울 기회를 얻게 된다고 말했다. 연구에서도 비슷한 결과가 나타났다. 2022년 한국보건사회연구원 연구에서도 비슷한 결과가 나타났다. 부모의 완벽주의 성향이 클수록 육아 스트레스 지수가 높았고, 아이를 잘 키우려는 마음이 오히려 의무감과 자책으로 이어졌다고 분석한다. 아이에게 필요한 것은 완벽하게 준비된 부모가 아니라, 일상에서 꾸준히 관계를 이어가는 부모다. 모든 상황에 정답처럼 대처하지 않아도, 아이가 필요할 때 곁에 있고 필요한 도움을 주는 태도가 더 중요하다. 기억에 남는 것은 계획대로 잘 흘러간 하루가 아니라, 평범한 날들 속에서 함께 보낸 시간이다. 정확한 말이나 완벽한 행동보다, 반복되는 일상에서 아이와 시간을 나누고, 그 흐름을 유지하는 것이 아이에게 안정감을 준다. 실수가 없는 하루보다, 부족해도 다시 해보려는 마음이 아빠를 더 단단하게 만든다.

비교하지 말고, 우리만의 육아를 찾기

육아의 부담은 나 자신의 기준에서 오기도 하지만, 종종 주변과의 비교에서 더 크게 불어난다. 잘하고 싶은 마음이 들수록, 남들과의 차이가 더 자주 눈에 들어오고, 자신을 작게 느끼게 된다. 내가 부족한 부모라는 생각은 꼭 내 안에서 시작되는 게 아니라, 어떤 날은 비교로 인해 바깥에서 형성되기도 한다.

육아를 하다 보면 주변과 비교하는 순간이 자주 온다. 어떤 아이는 벌써 말을 시작했는데, 우리 아이는 아직이다. 어떤 부모는 육아에 열정을 다하는데, 나는 피곤해서 오늘도 아이와 오래 놀아주지 못했다. 이런 비교는 부모를 불안하게 만들고, 육아를 경쟁처럼 느끼게 한다. 하지만 육아에는 정답이 없다. 아이마다 성장 속도가 다르고, 각 가정의 환경도 다르다.

SNS를 보면, 완벽한 육아를 하는 부모들이 가득해 보인다. 하지만 그 속에 숨겨진 힘든 순간들은 보이지 않는다. 비교를 멈추고, 우리만의 방식으로 아이와 함께하는 시간을 만들어 가야 한다. 육아는 누군가보다 잘해야 하는 경쟁이 아니다. 아이를 키우면서, 아빠도 함께 자란다. 실수가 없는 부모가 아니라, 부족해도 곁에 머무는 아빠다.

완벽하지 않아도 괜찮다. 당신은 이미 충분히 좋은 아빠다. 그리고 내일은 오늘보다 더 나은 아빠가 될 것이다. 육아는 다른 사람들과 경쟁하거나 비교하는 과정이 아니다. 중요한 것은 부모와 아이가 함께 웃고, 울며, 하루하루를 채워 가는 것이다. 아이에게 필요한 것은 부모의 실수가 없는 완벽한 환경이 아니다. 오히려 작은 실수와 부족함 속에서도 부모가 자신과 함께하려는 모습을 보일 때, 아이는 안정감과 사랑을 느낀다.

육아를 하다 보면, 스스로 부족하다고 느끼는 날이 찾아올 수 있다. 하지만 그 부족함 속에서 우리는 성장한다. 아이가 매일 조금씩 자라듯, 부모 역시 매일 조금씩 더 나아질 기회를 얻는다. 완벽한 부모는 없다. 그러나 아이와 함께 보내는 시간 속에서 부모와 아이는 함께 성장하며 소중한 추억을 만들어 간다. 그러니 걱정하지 말자. 당신은 이미 충분히 좋은 아빠다. 그리고 내일은 오늘보다 더 나은 아빠가 될 것이다.

> **육아에 바로 써먹는 한-줄 가이드**
> 완벽이라는 강박을 내려놓자. 완벽해지기보다 함께 있으려는 아빠가 되자.

이제는 당연한 선택
슈퍼맨 아빠는 이제 특별하지 않다

변화하는 아빠의 모습

이제는 놀이터에서 아이와 뛰노는 아빠를 쉽게 볼 수 있다. 어린이집 앞에서 아이를 등원시키고, 마트, 유아 휴게실, 카페에서도 아이와 함께 있는 아빠들을 자주 만날 수 있다. 몇 년 전만 해도 흔하지 않은 풍경이었다. 하지만 이제는 더 이상 특별한 일이 아니다. 김난도 교수의 『트렌드 2024』에서는 이런 현상을 '요즘 남편, 없던 아빠'라고 표현했다. 없던 아빠. 예전에는 찾아볼 수 없던, 가정에서 육아와 가사를 능동적으로 수행하는 아빠. 이제 아빠의 육아 참여는 특별한 일이 아니다. 당연한 일이 되어가고 있다.

아이와 시간을 보내는 아빠들이 많아졌다. 주말 저녁 놀이터에서는 아이들과 함께 뛰노는 아빠들을 쉽게 볼 수 있다. 이전에는 '엄마들의 공간'이었던 곳이 이제는 자연스럽게 변하고 있다. 평일 낮에도 마찬가지다.

어린이집 앞에서 하원하는 아이를 기다리는 아빠. 카페에서 아이와 함께 간식을 나누며 이야기를 나누는 아빠. 이제는 아빠가 아이와 함께 있어도, "오늘 휴가예요?"라고 묻는 사람이 없다. 예전에는 평일 낮에 아이와 함께 있는 아빠를 보면 '무슨 사정이 있겠지.'라고 여겨지곤 했다. 이제는 당연한 모습이 되었다.

이런 변화는 아빠 개인의 노력만으로 만들어진 결과가 아니다. 육아는 아빠 혼자만의 선택으로 할 수 있는 일이 아니다. 사회적 변화와 제도적 지원이 함께했기에 가능한 변화다.

변화하는 아빠, 달라진 육아의 풍경

과거의 아빠는 경제적 책임을 지고, 육아와 집안일에서는 한발 물러나 있는 존재였다. 그러나 세상이 변했다. 양성평등에 대한 인식이 널리 퍼지면서, 육아는 한쪽의 책임이 아니라는 공감대가 형성되었다. 부모가 함께 가정을 꾸리는 모습은 이제 자연스럽게 받아들여진다.

육아는 한때 엄마의 몫으로 여겨졌지만, 지금은 제도적 지원으로 아빠들도 적극적으로 참여할 수 있는 환경이 마련되었다. 육아휴직 제도가 보편화되면서 아빠가 가정에서 더 많은 시간을 보낼 기회가 늘어났다. 고용노동부의 통계에 따르면, 2024년 한 해 동안 남성 육아휴직자는 전체 육아휴직자의 30%를 차지하고, 사용자 수는 지난해 같은 기간보다 69.2% 증가했다. 과거에는 육아휴직을 선택하는 아빠가 드물었지만, 이제는 점점 더 많은 아빠가 이 제도를 활용하고 있다. 나 역시 육아휴직을 앞두고 '직장을 비운다는 부담'과 '주변의 시선'을 걱정하며 오랫동안 고민했다. 하지만 막상 육아를 시작하고 나니, 아이와의 시간을 함께 보내는 경험이 생각보다 더 크고 깊은 의미로 다가왔다. 아이 곁에서 함께 보낸 시간은, 그런 걱정이 무색할 만큼 값지고 깊은 경험이었다.

이전 세대와 달리, 오늘날의 부모들은 육아를 가족 전체의 공동 책임으로 인식한다. 아빠의 역할은 더 이상 경제적 책임에만 머물지 않는다. 아이와 함께 시간을 보내고, 돌봄에 적극적으로 참여하는 것이 자연스러운 일이 되었다. 부모가 함께 육아하는 모습을 본 아이들은 성평등과 협력의 가치를 자연스럽게 배운다. 함께 육아하는 부모의 모습을 보며 자란 아이들은 성별에 따른 고정관념 없이, 서로 돕고 배려하는 태도를 자연스럽게 익히게 된다.

이러한 경험은 가족 전체의 유대감을 강화하는 중요한 역할을 한다. 아이와 부모가 함께하는 시간이 많을수록 가정 내 소통이 늘어나고, 가족 구성원 간의 관계가 더욱 단단해진다.

나아가, 이러한 변화는 사회 전체에도 긍정적인 영향을 미친다. 아빠의 육아 참여가 많아질수록 사회는 더 평등하고 건강한 방향으로 나아간다. 아빠의 변화는 단순히 가정의 일이 아니라, 우리 사회가 더 나은 방향으로 가고 있음을 보여주는 지표다.

없던 아빠가 되기 위한 작은 시작

'없던 아빠'가 되는 것은 어려운 일이 아니다. 대단한 결심이 필요한 것도 아니다. 중요한 것은 작은 실천을 통해 아이와 함께하는 순간을 만들어가는 것이다.

아빠의 육아는 거창할 필요가 없다. 하루 10분만 아이와 대화를 나누어도 좋다. 함께 산책하거나, 아이가 좋아하는 그림책을 읽어주어도 충분하다. 이 작은 순간들이 쌓여 아이와의 특별한 관계를 만든다. 아빠가 아이와 함께 있는 시간 자체가 소중한 의미가 있다.

이미 많은 아빠가 이 길을 걷고 있다. 그리고 당신도 지금, 이 순간, 아이와의 시간을 만들어갈 수 있다. 완벽한 육아는 필요 없다. 중요한 것은 함께하려는 마음이다. 이 작은 노력이 가정을 더 따뜻하고 평등한 공간으로 변화시킬 것이다. 나아가, 우리 사회를 더 긍정적인 방향으로 이끌어갈 것이다. 육아는 특정한 사람만이 잘할 수 있는 일이 아니다.

아빠도 충분히 잘할 수 있다. 이는 가족과 사회 모두에게 선한 변화를 불러오는 중요한 시작이 될 것이다.

육아에 바로 써먹는 한-줄 가이드 이제 아빠의 육아는 선택이 아니라 기본이다. 경제적 책임에만 머물러 있지 말자.

육아를 통해 나를 키우다
아이와 함께 성장하는 시간

부모가 되면서 비로소 보인 것들

영화 〈인사이드 아웃〉은 감정이 성장과 변화를 거치며 진짜 행복을 깨닫는 과정을 그린다. 행복은 기쁨만으로 완성되지 않는다. 슬픔과 어려움이 함께할 때 비로소 더 깊은 의미가 있다. 육아도 마찬가지다. 아이를 키우는 과정에는 기쁜 순간도 있지만, 예상치 못한 어려움도 많다. 그런 순간들이 쌓일수록, 부모도 아이와 함께 자라난다. 나는 아이가 태어나기 전까지 나 자신만을 위해 살아왔다. 목표를 세우고, 성취하고, 원하는 것을 이루는 것이 가장 중요했다. 하지만 아이를 처음 안아본 순간, 내 삶이 달라졌음을 깨달았다. 육아는 단순한 책임이 아니다. 부모가 되어 새로운 시각으로 세상을 바라보게 되는 과정이다.

아이와 함께하는 시간이 많아지면서, 이전에는 평범했던 순간들이 새롭게 다가왔다. 아침마다 나를 부르는 목소리, 밥 달라고 투정 부리는 모습, 내 곁에서 잠드는 순간까지. 육아 초반에는 정신없이 하루를 보냈다. 수유, 기저귀 갈기, 재우기의 반복. 그러다 아이가 처음으로 내 손을 잡고 웃었던 날이 있었다. 그날 이후, 육아는 힘듦 속에서도 나에게 큰 의미가 있다는 것을 알게 됐다.

예전에는 더 높은 목표를 이루는 것이 성공이라고 생각했다. 더 좋은 자리와 더 많은 성취, 더 나은 환경이 삶의 우선순위였다. 육아를 하면서 생각이 바뀌었다. 이제는 '우리 가족이 얼마나 행복한가?'가 가장 중요한 기준이 되었다. 예전에는 하루를 바쁘게 보내며 성취에 집중했다면, 지금은 아이와 보낸 하루의 순간들이 먼저 떠오른다. 아이의 웃음과 말, 함께한 놀이가 하루를 따뜻하게 채운다.

육아가 준 새로운 도전

육아는 예상치 못한 도전을 가져왔다. 처음 기저귀를 갈던 날, 아이가 밤새 울 때 어떻게 해야 할지 몰라 방 안을 서성이던 순간, 이유식을 처음 만들며 서툴렀던 기억까지, 모든 것이 부담이었다. 시간이 지나면서, 이런 경험들이 쌓일수록 자신감도 생겼다. 육아를 하면서, 나와 같은 고민을 하는 아빠들이 많다는 걸 알게 되었다. 그 과정에서 경험을 정리하고, 다른 아빠들에게 도움이 될 수 있다는 생각이 들었다. 그렇게 글을 쓰기 시작했다.

처음에는 낯설었지만, 해보니 생각보다 더 큰 의미를 주었다. 이 모든 경험은 아이가 내게 건넨 도전이자 성장의 기회였다. 육아는 아이만 자라는 과정이 아니다. 부모도 함께 성장하는 과정이다. 아이는 매일 조금씩 새로운 것을 배운다. 부모도 마찬가지다. 부족함을 마주하고, 더 나은 부모가 되기 위해 고민하고 노력한다.

아이의 첫 웃음, 걸음, 말은 단순한 순간이 아니다. 부모가 되어가는 과정에서 가장 의미 있는 장면이다. 육아를 하면서 삶의 기준이 바뀌었다. 예전에는 성취가 중요한 가치였다. 지금은 아이와 함께하는 시간이 가장 큰 의미가 되었다.

육아는 단순히 아이를 돌보는 일을 넘어서, 부모 자신을 다시 돌아보는 계기가 된다. 아빠가 되면서 처음 마주한 것은 아이와의 관계만이 아니다. 아내와의 관계, 부모와의 관계, 나 자신과의 관계까지 다시 생각하게 되는 시간이다. 아이가 태어난 뒤로 일과가 달라지고, 가족 간 대화의 주제와 방식도 달라진다. 자연스럽게 각자의 역할을 다시 나누고, 서로를 더 자주 돌아보게 된다.

육아는 수많은 '다시'의 연속이다. 같은 말이라도 아이가 잘 받아들이도록 전달하려 노력하고, 짜증이 날 때 한 번 더 참아보며, 투정을 받아주며 미소로 넘긴다. 전에는 지나쳤던 눈빛 하나, 짧은 대화 한 줄에도 마음을 담게 되고, 그 작은 순간들이 가족 사이의 분위기를 조금씩 바꿔 나간다. 아이와 함께 보내는 시간은 관계를 시작하는 법은 물론, 오래 이어가는 데 필요한 태도와 마음가짐까지 다시 배우게 한다.

그리고 그 변화는 단지 관계에만 머물지 않는다. 육아는 삶의 구조와 리듬을 근본부터 다시 짜게 만든다. 하루의 우선순위가 바뀌고, 시간을 쓰는 방식도 달라진다. 무심코 흘려보냈던 일상의 순간들이 더 이상 당연하지 않게 느껴지고, 아이와 함께 보내는 시간이 삶의 중심이 되는 변화이다. 바쁘게만 달려오던 삶의 방향이 잠시 멈추고, 다시 정비되는 과정에서 삶에서 정말 소중한 것이 무엇인지 다시 생각하게 되는 시간이다.

육아는 절대 쉽지 않다. 하지만 그 속에서 발견하는 순간들은 어떤 성취보다 더 깊고 단단한 가치를 남긴다. 아이를 키우는 시간은 곧 부모 자신을 다시 세우는 시간이기도 하다. 우리는 아이와 함께 조금씩 자라고, 함께 미래를 만들어간다.

이 모든 여정이 곧, 우리 인생에 주어진 가장 큰 선물이다.

> **육아에 바로 써먹는 한 - 줄 가이드**
> 육아는 아이를 키우는 시간이 아니라, 부모 자신을 다시 세우는 시간이다.

다르게 말해서 더 크게 자란다
아빠의 질문, 엄마의 위로가 완성하는 균형

같은 부모, 다른 언어

부부가 같은 상황을 겪어도 말하는 방식은 다르다. 남편은 해결책을 찾으려 하고, 아내는 감정을 공유하고 싶어 한다. 이 차이는 대화의 방향을 바꾸고, 때로는 서로를 이해하지 못하게 만든다. 이는 단순한 성별 차이가 아니라, 부모가 아이와 소통하는 방식에서도 그대로 드러난다. 아빠는 논리석으로 설명하고 해결책을 찾도록 돕는다. 엄마는 아이의 감정을 읽고, 공감하며 안정감을 준다.

부모는 아이에게 언어를 가르친다. 하지만 가르친다는 것이 꼭 새로운 단어나 표현만을 의미하는 건 아니다. 부모가 평소에 사용하는 말투와 대화 방식도 아이가 세상을 바라보는 방식에 큰 영향을 미친다. 흥미롭게도, 아빠와 엄마는 아이와 말할 때 서로 다른 언어를 사용한다. 이는 단지 목소리나 말투의 차이를 넘어 아이의 성장과 발달에 큰 영향을 미친다.

『0-3세, 아빠 육아가 아이 미래를 결정한다』에서는 아빠와 엄마가 사용하는 언어의 차이를 명확히 설명하고 있다. 책에 따르면, 아빠는 보통 논리적이고 이성적인 언어로 문제 해결 중심의 대화를 한다. 반면 엄마는 주로 감정을 읽고 공감하는 방식으로 대화하며, 아이에게 정서적 안정감을 제공한다. 이 두 가지 언어가 균형 있게 제공될 때 아이는 더 건강하게 성장할 수 있다.

아빠의 언어: 논리와 문제 해결 중심

아빠는 대체로 논리적인 언어를 쓴다. 문제 상황에서 감정을 공유하기보다는 원인을 찾고 해결책을 제시한다. 예를 들어 아이와 함께 블록을 쌓다가 블록이 무너져 아이가 울 때, 아빠는 블록이 왜 무너졌는지에 먼저 집중한다. 어디가 약했는지, 어떻게 하면 더 튼튼하게 쌓을 수 있을지 고민하게 만든다. 아빠는 상황을 객관적으로 바라보는 연습을 자연스럽게 아이에게 시킨다.

아빠가 사용하는 '왜 그랬을까?', '어떻게 해야 할까?'와 같은 질문은 아이가 스스로 생각하게 한다. 이런 대화를 반복하면 아이는 실패에 주저하지 않고, 스스로 해결하려는 태도를 기르게 된다. 문제를 차근차근 분석하고 해결책을 찾아내는 습관을 들이게 되는 것이다. 아빠의 이런 논리적인 언어는 아이가 학교나 사회생활에서 스스로 문제를 해결할 수 있는 자신감을 심어준다.

엄마의 언어: 감정 읽기와 공감 중심

엄마의 언어는 조금 다르다. 엄마는 아이가 처한 상황보다는 아이의 감정을 먼저 읽고 이해하려고 노력한다. 블록이 무너져 아이가 울 때 엄마는 아이의 슬픔이나 속상한 마음에 먼저 공감한다. 아이의 감정을 부정하지 않고 그대로 받아들이며, 아이의 기분을 안정시키는 역할을 한다.

엄마는 아이가 힘들어하거나 감정을 표현할 때, 아이의 감정을 확인하고 위로해 준다. 하루가 끝날 때쯤이면 아이에게 오늘 어떤 기분이었는지 물으며 감정을 이야기하도록 돕는다. 이런 과정을 통해 아이는 자기 감정을 이해하고 표현하는 법을 배운다. 엄마와의 대화는 아이가 타인의 감정까지 이해하고 공감하는 능력을 키우도록 도와준다. 이는 아이가 성장하면서 다양한 사람들과 관계를 맺고 소통할 때 중요한 역할을 한다.

어느 한쪽의 언어만 사용하면 아이의 성장에 치우침이 생길 수 있다. 논리적이고 문제 해결 중심의 아빠 언어만 익힌 아이는 감정 표현이 서툴 수 있고, 감정과 공감 중심의 엄마 언어만 배우면 독립적으로 문제를 해결하는 능력이 부족해질 수 있다.

그러나 부모가 각자의 언어 방식대로 아이와 충분히 소통하면, 아이는 두 가지 방식을 자연스럽게 흡수한다. 아이는 아빠로부터 논리적 사고를 배우고, 엄마로부터 공감 능력을 배우며, 아빠의 언어와 엄마의 언어가 고르게 작용하면, 아이는 사고력과 정서 표현을 함께 발달시킬 수 있다.

부모의 대화 방식은 결국 아이의 성장에 큰 영향을 미친다. 아빠와 엄마의 언어가 서로 보완되면, 아이는 세상을 더 깊이 이해하고, 앞으로의 삶에서 유연하게 대처할 힘을 기르게 된다. 그리고 이 균형 잡힌 이해는 아이가 앞으로 살아갈 세상에서 무엇보다 강력한 힘이 될 것이다.

아빠의 언어가 만드는 성장의 균형

아이의 성장 과정에서 아빠의 역할은 단순한 돌봄을 넘어선다. 아빠 효과(Father Effect)란, '아빠와의 상호작용이 아이의 인지적, 정서적, 사회적 성장에 긍정적인 영향을 미치는 현상을 의미한다.' 다양한 연구에서 아빠가 육아에 적극적으로 참여할수록 아이의 언어 능력, 문제 해결력, 자존감이 높아진다는 결과가 확인된다.

아빠 효과를 더욱 크게 만드는 핵심 요소 중 하나는 바로 아빠의 언어다. 아빠는 아이와 대화할 때 논리적으로 사고하는 법을 가르친다. '왜?', '어떻게?'라는 질문을 통해 아이가 생각을 정리하고, 문제를 해결하는 방식을 익히도록 돕는다. 반면, 엄마의 언어는 아이가 자신의 감정을 이해하고 표현하도록 유도하며, 정서적 안정감을 제공한다.

이 두 가지 언어가 균형을 이룰 때, 아이는 더욱 건강하게 성장할 수 있다. 아빠의 언어만 접한 아이는 논리적으로 뛰어날 수 있지만 감정을 이해하고 표현하는 데 어려움을 겪을 수 있다. 반대로 엄마의 언어에만 익숙한 아이는 감정을 잘 표현하지만, 혼자서 문제를 해결하는 데는 어려움을 겪을 수 있다.

아빠 효과는 바로 이 균형을 만들어준다. 아빠는 아이가 세상을 논리적으로 분석할 수 있도록 돕고, 엄마는 감정을 이해하고 조절하는 능력을 키워준다. 이 과정에서 아이는 단순히 부모의 말을 따라 하는 것이 아니라, 두 가지 방식으로 사고하는 법을 익힌다. 이러한 언어의 경험은 아이가 자라면서 자기 생각을 정리하고, 다른 사람의 감정을 이해하며 관계를 맺는 데 도움을 준다.

아빠의 언어가 만들어가는 세상의 폭

아빠와 엄마가 함께 만드는 언어의 균형은 아이가 세상을 바라보는 시각을 더욱 넓혀준다.

아빠의 대화를 통해 아이는 문제 해결 능력을 키운다. 어려운 문제가 닥쳤을 때 해결책을 고민하고, 시행착오를 거치며 해결하는 과정을 배운다. 엄마의 대화를 통해 아이는 감정을 읽고 공감하는 법을 배운다. 친구와 다퉜을 때, 자신의 감정을 조절하고 상대방을 이해하는 능력이 생긴다.

이러한 언어적 균형은 단순히 가정 내에서만 중요한 것이 아니다. 아이가 성장하며 사회에서 관계를 맺고, 자신의 감정을 표현하고, 타인의 의견을 수용하는 과정에서도 큰 영향을 미친다.

논리와 공감을 함께 익힌 아이는 문제 상황에서도 유연하게 대응하고, 다양한 사람과 원활히 소통할 수 있다. 낯선 환경에서도 당황하지 않고 스스로 해결책을 찾고, 타인과의 관계에서도 균형을 유지하며 건강한 소통을 이어갈 수 있다.

육아는 함께할 때 더 많은 변화를 이끌 수 있다. 아빠와 엄마가 서로의 언어적 차이를 이해하고 이를 육아에 활용한다면, 아이는 더욱 균형 잡힌 사고를 하는 건강한 사람으로 성장할 것이다.

> **육아에 바로 써먹는 한-줄 가이드**
> 말로 표현하라. 아빠의 언어도 아이의 마음을 자라게 만든다.

시작부터 함께 서야 한다
함께 배우고 성장하는 존재

늦지 않았다

육아는 빠른 사람이 이기는 경주가 아니다. 누가 먼저 시작했는지가 아니라, 누가 끝까지 함께 걷는지가 더 중요하다. 아이와 함께하는 시간은 하루라도 더 빨리 시작할 수 있으면 좋겠지만, 그렇다고 조금 늦었다고 해서 의미가 사라지는 건 아니다. 임신 기간 동안 어떤 역할을 해야 할지 몰랐던 아빠도 있을 것이고, 출산 이후에도 한 걸음 물러서 있었던 경우도 있다. 하지만 아이는 부모가 준비되었다고 판단될 때까지 기다려주지 않는다. 부모로서 완전히 준비된 순간을 기다리는 것이 아니라, 함께 보내는 시간 속에서 관계는 조금씩 만들어진다. 지금부터라도 아이 곁에 서기로 결심했다면, 그것으로 충분하다. 돌봄이란 결국 '곁에 있으려는 마음'에서 시작되기 때문이다. 육아는 완벽하게 준비된 사람만이 하는 일이 아니다. 부족함을 안고서도 손을 뻗는 그 마음이, 부모 됨의 시작이다. 아이에게 전해지는 건 능숙함이 아니라, 그 순간의 진심이다.

육아에 정답은 없다

세쌍둥이를 키우면서 가장 크게 깨달은 점이 있다. 아이들은 같은 부모 아래, 같은 날 태어나고, 같은 환경에서 자라지만 모두 다르게 성장한다. 한 명은 적극적이고 호기심이 많다. 한 명은 조심스럽고 신중하다. 한 명은 사람을 좋아하고 애교가 많다. 같은 말을 해도 반응이 다르고, 같은 놀이에도 흥미를 보이는 정도가 다르다. 같은 음식을 줘도 어떤 아이는 잘 먹고, 어떤 아이는 손도 대지 않는다. 이 경험을 통해 확실히 알게 됐다. '모든 아이에게 똑같이 적용되는 육아법은 없다.' 많은 육아법이 있지만, 모든 아이에게 통하는 방법은 없다. 책에서 권하는 방식이 아이에게 맞지 않을 수도 있다. 주변에서 좋다고 하는 방법도, 우리 아이에게는 맞지 않을 수 있다. 부모가 직접 시행착오를 겪으며 아이에게 맞는 방법을 찾아야 한다.

특히 아빠의 역할 역시 가정마다 다르다. 어떤 아빠는 육아휴직을 선택하고, 어떤 아빠는 퇴근 후 시간을 활용한다. 어떤 가정에서는 아빠가 목욕을 담당하고, 어떤 가정에서는 아빠가 아이와 책을 읽어준다. 중요한 것은 '역할을 어떻게 나누느냐'가 아니다. 가족과 함께 균형을 맞춰가는 과정이 더 중요하다. 모든 아빠가 같은 방식으로 육아를 할 필요는 없다. 중요한 것은 '얼마나 잘하느냐'가 아니라 '어떻게 함께하느냐'이다.

육아를 배우는 과정으로 받아들이기

아빠는 엄마와 다르다. 엄마는 출산을 겪으며 자연스럽게 부모가 된다. 하지만 아빠는 그렇지 않다. 아이를 처음 만나는 순간, 모든 것이 낯설게 느껴진다. 어떻게 안아야 할지, 왜 우는지, 어떤 반응을 보여야 할지 모르는 것이 당연하다. 그렇다고 '나는 육아에 소질이 없다.' 라고 단정할 필요는 없다. 육아는 본능이 아니라, 배우는 과정이다.

처음부터 잘하는 아빠는 없다. 모르는 것은 배우고, 부족한 것은 채워가면 된다. 목욕을 한번 해보면 다음엔 더 능숙해진다. 기저귀를 갈다 보면 어느새 익숙해진다. 아이를 달래는 방법도 시도하다 보면 자신만의 방식이 생긴다. 실수를 두려워하지 말아야 한다. 완벽한 부모가 되는 것이 목표가 아니라, 아이와 함께 배우며 성장하는 것이 더 중요하다.

아빠가 해야 할 역할은 정해져 있지 않다. 경제적 책임과 육아의 참여는 가정마다 다르게 정해진다. 하지만 한 가지 변하지 않는 것이 있다. 아빠도 부모로서 성장해야 한다는 사실이다. 육아는 아이에게 가르치는 일이 아니라, 아이를 통해 부모가 배우는 과정이다. 아이가 첫걸음을 뗄 때, 아빠는 부모로서 첫걸음을 내디딘다. 아이의 성장과 함께 아빠도 변화한다. 내가 할 수 있는 역할을 찾고, 아이와 함께 맞춰 나가면 된다. 처음부터 잘할 필요는 없다. 아빠의 책임을 받아들이고 배우려는 태도를 보이는 것만으로도 충분하다. 가장 중요한 것은 함께하는 것이다.

육아에 바로 써먹는 한-줄 가이드

내가 할 수 있는 역할부터 시작하면 된다. 아빠의 시간은 지금부터다.

아빠, 이런 생각하지 마세요

Q. 아빠는 아이 돌보는 데 소질이 없다던데, 엄마가 더 잘하지 않을까요?

A. 초보 아빠일수록 육아에 자신이 없기 쉽다. 나 역시 그랬다.
아내가 능숙하게 아이를 돌보는 모습을 보며 '나는 과연 잘할 수 있을까?'라는 생각을 자주 했다. 하지만 육아는 소질이 아니라 경험이다.
처음엔 기저귀 하나도 버겁지만, 반복하다 보면 손이 먼저 움직이게 된다.
아빠도 충분히 잘할 수 있다. 함께하는 시간이 가장 좋은 연습이 되어준다.

아빠, 이렇게 하세요!

 육아에 자신감을 느끼기 위해, 정부에서 운영하는 '아빠 육아 교육 프로그램'에 참여해 보자. 고용노동부와 여성가족부는 전국 가족센터와 육아종합지원센터를 통해 아버지를 위한 다양한 교육 프로그램을 제공하고 있다. 이러한 프로그램은 아빠의 육아 참여를 독려하고, 육아 기술과 자신감을 향상하는 데 도움을 준다.

육아종합지원센터

2장 임신 중, 아빠의 자리 만들기

"일은 부탁할 수 있어도
'아빠'는 부탁할 수 없으니까."
– 애니메이션 〈짱구는 못말려〉 중에서

어떤 아빠가 되고 싶나요?
막연함이 있어야 방향이 생긴다

막연함에서 책임감으로

첫째 임신 소식을 들은 순간은 내 삶의 기준이 바뀌기 시작한 지점이었다. 1년 넘게 임신을 시도했지만, 매번 결과는 같았다. 임신 테스트기를 확인할 때마다 기대는 커졌고, 실망도 그만큼 반복됐다. 그러다 결국 난임 치료를 시작했고, 얼마 지나지 않아 아내가 조심스럽게 임신 테스트기를 내밀었다. 두 줄이 선명하게 보였다. 예상치 못한 순간이었고, 그만큼 받아들이는 데 시간이 걸렸다. 기쁘면서도 실감이 나지 않았다. 무엇부터 준비해야 할지 막막했고, 머릿속은 복잡했다.

그날 저녁, 아내는 말없이 손을 배 위에 얹었다. 단순한 행동이었지만, 그 장면은 막연했던 책임감이 구체적인 무게로 다가오게 했다. 이제 막 태동도 느껴지지 않는 상태였지만, 눈앞의 현실이 변하고 있다는 사실은 분명했다. 그때부터 '아빠'라는 단어를 반복해서 떠올리기 시작했다. 그

전까지 '아빠'는 나와 거리가 있는 단어였다. 결혼 이후에 삶의 구조는 크게 달라지지 않았다. 평일에는 일하고 취미를 즐겼고, 주말에는 쉬며 익숙한 생활 리듬을 유지했다.

하지만 임신이라는 사실은 기존 일상의 흐름을 멈추게 했다. 아빠가 된다는 건 단순히 가족 구성원이 하나 늘어나는 일이 아니었다. 이제 내가 누군가의 보호자이자 책임자가 된다는 뜻이었다. 앞으로 나의 선택과 행동은 한 생명의 생존과 성장에 직접적인 영향을 미치게 된다.

지금까지는 내 일과 내 시간을 기준으로 움직였지만, 이제부터는 타인의 필요와 리듬을 고려해야 했다. 여전히 아기는 배 속에 있었고, 실질적인 돌봄은 시작되지 않았지만, 이미 마음은 전과 달라졌다. 책임감은 생겼지만, 구체적으로 어떤 역할을 해야 할지는 여전히 막연했다.

어떤 아빠가 되고 싶은가

예비 아빠가 되었다는 사실을 실감하자, 막연한 두려움이 밀려왔다. 주변에서는 아내를 잘 도와야 한다는 말들을 했지만, 정작 어떻게 도와야 하는지에 대한 구체적인 이야기는 없었다. 무엇을 준비해야 하는지, 어떤 역할을 해야 하는지 감이 잡히지 않았다.

새로운 것을 배울 때는 가이드가 있기 마련이다. 운동을 시작할 때도 기본 장비를 갖추고, 레슨을 듣거나 동호회에 가입하면서 점점 익숙해진다. 그런데 아빠가 되는 과정에는 그런 매뉴얼이 없었다. 좋은 시절 끝났다는 농담이나, 이제부터 힘들 거라는 이야기만 들려왔을 뿐이었다. 들려오는 조언들은 정작 실질적인 해결책이 되지 않았다.

사실 아내는 임신과 동시에 엄마가 되어가는 과정을 겪는다. 몸이 변하고, 아기의 존재를 직접 느끼며 점차 엄마로서의 정체성을 확립해 나간다. 하지만 아빠는 다르다. 몸의 변화가 없고, 육아를 직접 경험할 기회도 거의 없다. 그러다 보니 부담감만 커졌고, 정작 무엇을 해야 할지는 여전히 막막하고, 주변의 조언도 결국 현실적인 해결책이 되지 않는다.

결국, 아빠는 누구에게도 확실히 설명받지 못한 채, 역할을 만들어가야 하는 위치에 서게 된다. 아빠가 되는 준비는 정답을 찾는 일이 아니라, 내가 어떤 아빠가 되고 싶은지를 고민하는 과정이다. 완벽히 준비하는 것보다 중요한 건, 스스로 답을 찾아가는 일이다. 처음부터 모든 것을 잘할 필요는 없지만, 어떤 아빠가 되고 싶은지는 스스로 정할 수 있다.

좋은 아빠가 되는 첫 질문

아빠라는 역할을 떠올리며, 어떤 모습으로 아이 곁에 있고 싶은지 고민하자. 막연한 불안감을 없애기 위해서는 먼저 방향을 정하는 것이 필요하다. 아이와 시간을 많이 보내는 아빠가 되고 싶은지, 가사와 육아를 적극적으로 하는 아빠가 되고 싶은지, 또는 아이의 든든한 버팀목이 되는 아빠가 되고 싶은지 스스로에게 질문을 던져야 한다.

아이를 키우는 일은 단순히 생존을 위한 것이 아니라, 함께 살아가는 일이다. 부모의 태도와 행동이 아이에게 그대로 반영된다는 사실을 알아야 한다. '아빠로서 나는 어떤 영향을 아이에게 줄 수 있을까?', '나는 어떤 아빠로 기억될까?' 이런 고민이야말로 '아빠'라는 이름을 내 삶에 받아들이는 첫 시작이다. 아빠의 모습은 각자의 환경과 가치관에 따라 달라질 수밖에 없다. 그래서 정답을 찾으려고 애쓰기보다 내가 어떤 아빠가 되고 싶은지를 구체적으로 생각하는 것이 중요하다. 아빠라는 역할은 정해진 틀에 맞춰지는 것이 아니라, 각자의 방식으로 만들어가는 것이다. 아이의 성별이나 기질은 바꿀 수 없지만, 어떤 아빠가 될지는 전적으로 내 선택에 달려 있다.

'나는 어떤 아빠가 되고 싶은가?' 이 질문은 단순한 고민으로 끝나는 것이 아니라, 앞으로 아빠로서 살아갈 방향을 결정짓는 시작점이다. 그리고 그 답을 실천하는 과정에서 진짜 아빠가 되어간다. 아빠가 된다는 것은 하루아침에 완성되는 일이 아니다. 처음부터 완벽할 필요도 없다. 중요한 건 스스로에게 던진 질문에 답을 찾고, 그 방향으로 한 걸음씩 나아가는 것이다. 아이와 함께하는 삶은 정해진 매뉴얼이 없는 여정이다. 하지만 그 여정을 어떻게 걸어갈지는 내 선택이다.

아빠로서의 모습은 결국 아이의 기억에 남는다. 아이는 자상한 아빠로, 함께 시간을 보내주던 아빠로, 혹은 든든하게 곁을 지켜주던 아빠로 기억할 것이다. 그리고 그 과정에서 부모로서, 한 사람으로서 성장하게 된다.

지금 당장은 준비가 덜 됐다고 느낄 수도 있다. 하지만 그 질문을 던진 순간, 이미 좋은 아빠가 될 준비를 시작한 것이다. 아빠가 되는 것은 두려운 일이 아니라, 기대할 수 있는 새로운 삶의 시작이다. 내가 어떤 길을 선택하느냐에 따라 아이의 미래도 달라질 수 있다. 그러니 불안해하기보다, 지금부터 차근차근 준비해 가면 된다.

> **육아에 바로 써먹는 한-줄 가이드**
> 어떤 아빠가 되고 싶은지 그려보자. 상상은 실천의 첫 단추다.

좋은 남편이 먼저다
남편 역할이 무너지면 아빠 역할도 흔들린다

남편의 역할이 먼저다

아빠가 되는 일은 인생에서 큰 변화 중 하나지만, 그보다 먼저 중요한 역할이 있다. 바로 남편의 역할이다. 드라마 〈응답하라 1988〉에서 성동일이 덕선의 엄마가 임신했을 당시를 회상하며 했던 말이 있다. "그땐 왜 그렇게 불편해하는 너를 더 많이 챙기지 못했을까?" 그는 아빠가 될 준비는 했지만, 남편으로서 부족했다는 사실을 뒤늦게 깨달았다. 이 짧은 대사에는 임신 기간 동안 남편이 놓치기 쉬운 중요한 메시지가 담겨 있다.

아내는 아이의 엄마가 되기 전에, 남편의 지지가 절실히 필요하다. 임신은 단순한 신체 변화가 아니다. 정서적, 심리적 변화와 함께 예상치 못한 불안과 두려움도 따른다. 이때 가장 큰 힘이 되어줄 수 있는 사람은 바로 남편이다. 남편이 아내를 제대로 이해하고 진정한 동반자로 함께할 때, 아내는 임신이라는 시기를 보다 안정적으로 보낼 수 있다.

임신한 아내의 몸과 마음의 변화

임신은 아내의 몸을 완전히 바꿔 놓는다. 단순히 뱃속의 아이가 자라는 것이 아니라, 호르몬 변화와 신체적 변화가 급격하게 일어나면서 하루하루가 다르게 느껴진다. 남편이 직접 겪을 수 없는 변화이기 때문에, 이해하려는 노력이 더욱 중요하다.

임신 초기(1~13주)에는 입덧과 극심한 피로감이 찾아온다. 냄새에 예민해지고, 평소 좋아하던 음식도 거부하게 된다. 쉽게 지치고, 하루 종일 속이 울렁거리는 상태가 지속되는데, 이는 단독군장을 메고 하루 종일 뛰는 것처럼 극심한 피로를 유발한다. 매일 그렇게 버티면서도, 아내는 뱃속 아이에게 해가 될까 봐 화도 제대로 내지 못하고 감정을 억누른다. 이 시기 남편이 할 수 있는 가장 중요한 일은 불필요한 말은 줄이고, 아내가 힘들어하는 부분을 먼저 살피는 것이다. 작은 도움이라도 아내가 스스로 감당해야 하는 부담을 덜어줄 수 있다면, 그 자체로 큰 의미가 있다.

임신 중기(14~27주)에 들어서면 컨디션이 나아지는 것 같지만, 여전히 몸은 무겁다. 체중 증가로 인해 허리와 다리에 무리가 가고, 다리가 쉽게 붓는다. 이 시기는 완전군장을 메고 하루 종일 행군하는 것과 비슷하다. 처음엔 가뿐했던 장비도 시간이 지나면서 무거워지고, 반복되는 피로감이 쌓여간다. 마찬가지로, 아내도 점점 커지는 배와 무게 증가로 인해 점점 더 불편함을 느낀다. 남편이 할 수 있는 가장 좋은 일은 집안일을 나누고, 가벼운 산책이나 스트레칭을 도와주는 것이다.

임신 후기(28주~출산)는 신체적 불편이 극에 달하는 시기다. 배가 커지고, 조금만 움직여도 숨이 차며, 잠을 편하게 자는 것도 어렵다. 이 시기의 아내는 야간 행군을 반복하는 군인과 비슷한 상태다. 낮에는 무거운 몸을 이끌고 움직여야 하고, 밤이 되면 푹 쉴 수도 없다. 게다가 마음 한편에는 출산에 대한 긴장감과 두려움까지 더해진다. 출산이 가까워질수록, 아내는 감정적으로도 더욱 예민해지고 불안해지기 쉽다. 이 시기 남편은 단순히 집안일을 돕는 것을 넘어, 정서적인 지지를 더 세심하게 챙겨야 한다. 남편의 한마디, 작은 행동 하나가 아내에게는 큰 힘이 된다. 남편이 아내를 위해 출산 준비물을 챙기고, 출산 계획을 함께 점검하는 것만으로도 아내는 안도감을 느낄 수 있다.

임신은 단순히 아내가 혼자 겪어내야 하는 과정이 아니다. 남편은 옆에서 지켜보는 존재가 아니라, 이 여정을 아내와 함께 가볍게 걸어갈 수 있도록 돕는 동반자여야 한다. 물론, 남편 역시 처음 겪는 임신이라는 여정에서 혼란스럽거나, 내가 잘하고 있는지 불안할 수 있다. 그러나 아내가 느끼는 신체적·정신적 부담을 생각하며, 함께 배우고 성장하겠다는 태도로 임하는 것이 중요하다. 함께하는 임신은 부부가 서로를 더 깊이 이해하며 함께 성장해 나가는 과정이다.

남편의 역할은 작은 실천에서 시작된다

남편이 맡을 수 있는 역할은 거창할 필요가 없다. 오히려 사소한 것부터 시작해야 한다. 아내가 임신으로 인해 움직이는 것이 힘들어질수록, 남편이 해야 할 일은 자연스럽게 늘어난다.

우선, 집안일에 대한 책임감을 가져야 한다. 설거지, 청소, 빨래, 장보기 같은 일상적인 집안일은 남편이 책임지고 맡아야 할 일이다. 이는 단순히 육체적인 부담을 덜어주는 것이 아니라, 아내에게 정신적인 안정감을 주는 역할도 한다. 남편이 가사에 적극적으로 참여할수록 아내는 더 편안하게 임신 기간을 보낼 수 있다.

병원 방문과 산책은 남편이 아내를 위해 할 수 있는 또 다른 중요한 일이다. 초음파 검사를 동행하고 의사의 설명을 함께 들으면, 아내는 혼자가 아니라는 든든함을 느낀다. 산책을 함께하며 가벼운 대화를 나누는 것도 정서적인 교감을 높이는 좋은 방법이다.

무엇보다 중요한 것은 아내가 감정적으로 힘들어할 때 곁에서 진심으로 들어주는 일이다. 해결책을 제시하려 하지 말고, 그냥 이야기를 들어주고 공감해 주는 것만으로도 아내는 큰 위안을 얻는다. 가끔은 아무 말 없이 손을 잡아주는 것만으로도 충분할 때가 있다.

이처럼 남편이 임신 기간부터 적극적으로 참여하면, 출산 후에도 자연스럽게 육아에 함께할 수 있다. 오늘부터 작은 실천을 시작하자. 아침에 출근하기 전, 아내가 필요한 것을 챙겨주거나 퇴근 후 집안일을 하나 더 해보자. 함께 산책하러 나가거나, 가벼운 대화를 나누며 아내가 편안한 시간을 보낼 수 있도록 노력해 보자.

이런 작은 행동들이 쌓이면 남편의 역할을 단단히 다질 수 있고, 출산 후에도 자연스럽게 아빠로서의 첫걸음을 내디딜 수 있다. 중요한 것은 거창한 변화가 아니라, 오늘부터 시작하는 작은 노력이다. 남편으로 자리 잡는다는 것은 결국 아내와 함께 성장하는 과정을 통해 가능해진다.

> 육아에 바로 써먹는
> **한 - 줄 가이드**
>
> 임신을 '함께' 겪으려면, 먼저 아내의 하루를 들여다보자.

달라질 일상을 준비하자
출산은 끝이 아니라 시작이다

출산 이후의 삶을 준비

결혼식을 준비하던 어느 날, 먼저 결혼을 한 선배가 "결혼 준비는 잘되고 있어?"라는 질문에 자신 있게 "날짜도 정했고, 스튜디오와 드레스까지 예약을 마쳤다"고 대답했다. 하지만 선배는 내 말을 듣고 이렇게 되물었다. "그게 결혼 준비야? 결혼 후에 어떻게 살지는 고민해봤어? 자녀 계획은? 재정은?" 그 순간 머리를 한 대 맞은 기분이었다. 나는 인생의 큰 전환점인 결혼을 준비한다고 생각했지만, 실제로는 단 하루의 이벤트인 결혼식만 준비하고 있었던 셈이다. 정작 결혼 후의 삶을 어떻게 꾸려갈 지에 대한 고민은 전혀 하지 않고 있었다.

그때의 경험이 출산을 앞두고 다시 떠올랐다. 첫아이를 기다리면서 나는 출산 예정일만 손꼽아 기다렸다. 조리원 예약과 육아용품 구매에 집중했지만, 정작 출산 이후의 현실적인 삶에 대해서는 준비하지 못했다.

육아휴직을 어떻게 사용할지, 가정의 재정은 어떻게 운영할지, 육아 분담을 포함해 무엇을 어떻게 살아갈지에 대한 이야기는 없이, 출산이라는 한 시점만 바라보고 있었다.

결혼 이후 하나씩 배우고 적응해 나갔던 것처럼, 출산 후의 삶도 마찬가지다. 처음에는 무엇을 해야 할지 막막하겠지만, 하나씩 준비해 나가야 한다. 가장 먼저 마주하게 될 현실은 '양육의 책임'이다. 만약 부부 모두 직장을 다닌다면, 출산 휴가와 육아휴직을 어떻게 활용할 수 있을지 살펴보는 것이 중요하다. 재택근무나 유연근무가 가능한지도 함께 점검해보자. 단순히 역할을 나누는 데 그치지 않고, 육아를 통해 부모로서 함께 성장할 수 있는 균형을 만드는 것이 핵심이다.

보통 첫아이 때는 별다른 논의 없이 아내가 육아를 전담하게 되는 경우가 많다. 하지만 '엄마가 당연히 휴직하겠지.'라고 넘기기보다는, 누가 언제, 얼마나 휴직할지 먼저 이야기해야 한다. 육아휴직 외에 사용할 수 있는 제도는 없는지, 일과 돌봄을 어떻게 조율할 수 있을지도 함께 점검해보자. 만약 육아휴직이 어렵다면, 육아도우미를 활용할 수 있는지, 어린이집은 언제부터 이용할 수 있는지를 미리 검토해두는 것이 필요하다. 역할 분담을 정하는 것도 중요하지만, 막상 아이가 태어나면 일상 전체가 새롭게 재편된다.

미리 준비해야 한다

출산 준비는 단지 아기용품을 마련하고 집을 정리하는 데 그쳐서는 안 된다. 진짜 중요한 준비는 출산 이후 바뀔 삶의 구조와 일상에 대한 계획이다. 아이가 태어나면 예상보다 큰 비용이 발생한다. 기저귀와 분유 같은 기본적인 지출뿐만 아니라, 병원비와 예방접종, 돌봄 서비스 비용 등 크고 작은 지출이 끊이지 않는다. 정부에서 지원하는 부모 급여나 아동수당 등을 어떻게 활용할지도 고민해야 한다.

우리 가족 역시 처음에는 기존의 저축 방식으로 육아 비용을 감당하려 했지만, 둘만 살던 시절과는 전혀 다른 지출 구조를 마주하며 계획을 다시 세울 수밖에 없었다. 예상치 못한 지출을 대비하려면 월별 고정비와 비정기적인 지출을 대략 구분해 보는 것만으로도 도움이 된다. 특히 육아 초기에는 병원비, 조리원비, 육아용품 구매 등 큰 비용이 한꺼번에 들어가기 때문에, 정부 및 지역에서 지원받을 수 있는 금액을 정확히 확인하고 이를 기반으로 재정을 조정하는 것이 필요하다.

출산 후의 삶도 미리 생각해 두자. 처음에는 모든 것을 부부가 스스로 해내야 한다고 여기기 쉽지만, 육아는 생각보다 훨씬 더 많은 체력과 감정 노동을 요구한다. 이때 조부모의 도움을 받으며 숨을 돌릴 수 있었다. 도움을 요청할 수 있는 환경을 미리 조성해 두자.

밤낮없이 반복되는 수유와 잠 부족이 쌓이면 피로가 누적된다. 이런 현실 앞에서 무작정 버티기보다는, 필요한 순간에 누구에게 어떤 도움을 받을 수 있을지 계획해 두는 것이 훨씬 현명하다.

출산 이후에는 부부 간의 역할도 다시 조정해야 한다. 아이가 태어난 후에는 부모의 역할이 강조되지만, 부부 사이의 관계 또한 소홀히 해서는 안 된다. 육아로 인해 모든 대화가 아이 중심으로 흘러갈 수 있지만, 부부만의 시간을 가지며 서로의 감정을 공유하는 시간이 필요하다. 짧은 시간이라도 함께 대화를 나누고, 상대방의 노력을 인정하는 것만으로도 서로에게 힘이 될 수 있다. 또한, 부모의 역할을 균형 있게 나누기 위해 지속적으로 대화하고 조율하는 것이 필요하다.

결혼식을 준비하는 것과 부부로서의 삶을 시작하는 것은 전혀 다른 일이었듯, 출산도 시작점일 뿐이다. 나 역시 준비되지 않은 채 맞이했던 순간들이 많았지만, 하나씩 배워가며 적응할 수 있었다. 중요한 건 모든 답을 미리 알 필요는 없다는 점이다. 함께 고민하고 해결해 나가겠다는 믿음이 더 중요하다. 출산은 단순한 하루의 이벤트가 아니라, 부모로서의 삶이 시작되는 순간이다. 아이의 탄생과 함께 삶의 중심이 바뀐다. 이 새로운 일상을 준비 없이 맞이하면 당황스럽고, 부담은 더욱 커질 수밖에 없다. 그렇기에 임신 기간 동안 충분히 대화하며, 출산 이후의 삶에 대한 구체적인 계획을 함께 세우는 것이 필요하다.

임신 중 던져야 할 질문들은 많고 복잡할 수 있지만, 하나씩 답을 찾아가는 과정 자체가 부모로서의 성장이다. 아이를 어떻게 돌볼지, 육아휴직을 어떻게 활용할지, 재정을 어떻게 운영할지에 대해 미리 고민하면, 막연한 두려움이 줄어들고 아이를 맞이할 준비가 더욱 단단해진다.

　이 모든 질문의 답을 완벽히 찾을 필요는 없다. 중요한 것은 대화를 시작하고, 서로의 생각과 마음을 나누는 과정이다. 함께 고민하며 만들어 간 답이 결국 우리 가족의 미래를 더 안정적이고 행복하게 만들어줄 것이다.

> **육아에 바로 써먹는 한-줄 가이드**　출산은 끝이 아니라 시작이다. 출산 후 일상의 판을 지금부터 새로 짜보자.

아빠 태교, 어렵지 않다
일상에서 자연스럽게 시작하는 태교

태교에 대한 오해

첫째를 가졌을 때, '태교'라는 말을 처음 들었다. 처음에는 '아빠도 꼭 해야 하는 걸까?'라는 생각이 들었다. 주변의 육아 선배들이나 경험한 부모들은 아빠도 책을 읽어주고, 클래식을 들려주며, 태담을 해야 한다고 했다. 하지만 막상 해보려고 하니 어색했다. '내가 하는 말이 아이에게 닿을까?', '클래식을 틀어놓으면 정말 좋은 영향을 줄까?' 하는 생각만 맴돌았다.

그런데 아내는 정작 다른 태교를 하고 있었다. 차은우 사진을 보면 마음이 편해진다고 했다. 세쌍둥이를 가졌을 때도 마찬가지였다. 드라마를 보며 스트레스를 풀고, 좋아하는 음식을 먹으며 기분을 조절했다. 처음에는 의아했지만, 그게 가장 효과적인 태교였다.

서울대 전종관 교수는 "태교의 효과를 입증하는 과학적 근거는 부족하지만, 산모가 정서적으로 안정되고 긍정적인 경험을 하는 것이 아이에게 더 큰 영향을 미친다."라고 말한다. 태교는 특정한 방식이 중요한 것이 아니다. 중요한 것은 엄마가 편안함을 느끼고, 긍정적인 감정을 유지하는 것이다. 핵심은 방법이 아니라 감정이다. 아빠도 무언가 대단한 역할을 해야 한다는 부담에서 벗어나야 한다.

나 역시 처음에는 태교가 익숙하지 않았다. 책을 읽어주려다 민망해서 중간에 멈춘 적도 있고, 배에 대고 태담을 해보려다 웃음을 터뜨린 적도 있다. 하지만 매일 반복하다 보니 차츰 자연스러워졌다. 출근 전 '잘 자.', 퇴근 후 '아빠 왔어.'라고 짧게 인사하는 것만으로도 아이와 연결된다는 느낌이 들기 시작했다.

태교는 완성된 기술이 아니라, 아빠가 되어가는 연습에 가깝다. 아이에게 말을 건네는 순간, 아빠 자신도 점점 아이를 받아들이는 준비를 하게 된다. 일부러 만든 말보다 일상에서 자연스럽게 나오는 대화가 더 편하고 오래 남는다.

태교를 거창하게 생각할 필요 없다. 아내가 편안함을 느끼고, 혼자가 아니라는 감정을 가지는 것이 가장 중요한 출발점이다. 집안일을 함께하거나, 아내가 좋아하는 음악을 틀어주고, 마사지를 해주는 것 모두가 태교다. 임신 중 아빠의 정서적 지지가 클수록, 출산 후 아내가 느끼는 육아 스트레스 지수가 낮아진다는 연구 결과도 있다.

태교는 단지 아이를 위한 일이 아니다. 함께하는 작은 행동들이 쌓이면, 부부 사이의 신뢰도 깊어진다. 임신 기간 동안 자연스럽게 형성된 정서적 친밀감은 아이가 태어난 후에도 큰 힘이 된다.

부담 없이 실천할 수 있는 아빠 태교

태교를 어렵거나 거창한 일로 여길 필요는 없다. 매일 반복되는 일상에서, 아빠가 자연스럽게 참여할 수 있는 태교는 많다. 중요한 건 특별한 방식이 아니라, 지금 내가 할 수 있는 작은 실천부터 시작하는 것이다.

1. 일상의 대화를 통한 태교

임신 후 아내는 몸과 감정의 변화를 경험한다. 아빠가 실천할 수 있는 가장 현실적인 태교는 아내의 변화를 이해하고, 자연스럽게 대화를 나누는 일이다. 하루 동안 있었던 일을 이야기하고, 출산 후 생활에 대한 기대를 나누는 것도 좋은 태교가 된다. 아이의 이름을 함께 고민하거나, 태어난 후 해보고 싶은 일을 나누는 것만으로도 충분하다. 이런 대화는 아내에게 정서적 안정감을 주고, 아빠에게도 아이와의 연결을 느끼게 해준다.

2. 아내의 정서적 안정을 돕는 태교

아내가 편안한 상태를 유지하는 것이 아이에게 가장 좋은 태교다. 집안일을 함께 하거나, 아내가 좋아하는 음식을 준비하는 것, 함께 산책하는 것 모두가 태교가 될 수 있다.

아내가 좋아하는 음악을 틀어주거나, 가볍게 마사지를 해주는 것도 도움이 된다. 특별한 행동이 아니어도, 아내가 '혼자가 아니다.'라고 느낄 수 있도록 돕는 것이 중요하다.

3. 함께하는 작은 습관 만들기

태교를 위한 특별한 노력이 필요하다고 생각할 수도 있지만, 작은 습관을 만드는 것만으로도 충분하다. 매일 일정한 시간에 배를 쓰다듬으며 아이에게 말을 걸어보거나, 함께 좋아하는 음악을 들으며 편안한 시간을 보내자. 가볍게 산책하며 자연의 소리를 느끼는 것도 훌륭한 태교가 된다. 태교 일기를 함께 쓰고, 아내의 신체나 감정 변화를 자연스럽게 나누는 것도 좋은 방법이다. 이런 작은 행동들이 쌓이면 아빠도 자연스럽게 태교에 참여하게 되고, 아이가 태어난 후에도 더 쉽게 육아에 적응할 수 있다.

태교는 부모가 함께하는 과정

태교는 엄마 혼자서 감당해야 할 일이 아니다. 아빠도 함께할 수 있다. 핵심은 '무엇을 하느냐'보다 '어떤 분위기에서 함께하느냐'다. 태교는 아이에게 무엇인가를 가르치는 시간이 아니라, 부모가 서로의 마음을 나누고 아이를 기다리는 시간을 함께하는 것이다.

아빠가 태교에 참여한다고 해서 책을 꼭 읽어주거나 클래식을 틀어줘야 하는 건 아니다. 다만, 아이를 향한 마음을 행동으로 조금씩 표현해 보자. 그것만으로도 충분하다. 하루의 말 한마디, 손길이 모두 아이에게 전해지는 태도의 표현이 된다. 그리고 그것은 출산 후에도 계속 이어지는 부모의 시작이 된다. 태교는 거창하거나 특별한 행위가 아니다. 부모가 함께 시간을 보내고, 서로를 배려하고, 아이를 맞이할 준비를 함께하는 모든 순간이 태교가 된다. 지금의 마음이 아이에게 전해진다는 사실을 기억하며, 부담 없이 진심을 담아 태교의 시간을 쌓아가자.

> **육아에 바로 써먹는 한-줄 가이드**
> 복잡한 태교보다 오늘의 말을 걸어라. 관심은 지금부터 가능하다.

육아 선배 집에서 준비 시작
정보를 얻을 수 있는 진짜 장소

베이비페어의 함정

아빠가 되어가는 과정에서 가장 먼저 마주하는 고민은 육아용품 준비다. 육아에 대한 정보가 부족한 상황에서, 끝없이 이어지는 육아용품 리스트를 마주하면 막막함부터 느껴진다. 젖병, 바운서, 유모차, 아기 침대 등 다양한 용품들이 있고, 각각의 브랜드와 모델도 셀 수 없이 많다. 어떤 물건이 정말 필요한지, 우리 가족에게 어떤 것이 맞는지 고민하다 보면 선택지는 끝이 없고, 예산 부담도 커진다.

육아용품을 준비할 때 가장 먼저 떠올리는 곳이 베이비페어다. 베이비페어는 육아용품을 한곳에서 비교하고 구매할 기회로, 준비 중인 부모들에게 매력적인 장소다. 카테고리별로 정리된 제품과 현장에서만 받을 수 있는 할인 혜택이 있어 합리적인 구매를 할 수 있을 것처럼 보인다.

하지만 베이비페어에서 모든 정보를 얻고, 필요한 용품을 완벽하게 준비하는 것은 쉽지 않다. 현장에서 제품을 직접 확인할 수는 있지만, 실제 사용의 유용성을 판단하기는 어렵다. 판매 직원들은 제품의 강점을 부각하는 데 집중하기 때문에, 우리 아이와 가족에게 적합한지 직접적인 사용 경험 없이 결정해야 한다. 또한, 다양한 제품과 화려한 홍보 속에서 충동구매를 하게 될 가능성도 높다. 사전 리스트를 작성해 가더라도 현장에서 추가로 구매하게 되는 경우가 많고, 아이가 아직 태어나지도 않았는데 '나중에 필요할 것 같다.'라는 생각으로 계획에 없던 물건까지 사게 되는 경우도 적지 않다.

첫째를 기다리며 아기 침대를 가장 먼저 준비했다. 밤마다 편하게 재우고 싶었고, 무엇보다 독립적인 수면 공간을 만들어 주고 싶었다. 그래서 많은 브랜드를 비교하고, 기능을 꼼꼼히 살펴보고, 결국 가장 튼튼하고 안전하다고 평가받은 제품을 구매했다. 하지만 정작 아이가 태어난 후, 현실은 전혀 달랐다. 밤마다 아이가 울 때마다 바로 옆에서 안아주고 수유해야 했기에, 결국 침대는 거실 한쪽에 놓인 채 사용하지 않게 되었다. 처음에는 아기의 독립 수면이 중요하다고 생각했지만, 신생아 시기에는 부모가 곁에서 바로 돌봐줄 수 있는 환경이 더 필요하다는 걸 뒤늦게 깨달았다. 그때부터 '어떤 제품을 살까'보다 '어떤 환경이 실제로 필요한가'를 더 고민하게 됐다. 그리고 그 답은 육아 선배들의 집에서 찾을 수 있었다.

육아 선배의 집에서 배우는 현실 팁

육아 경험자의 집을 방문하면, 책이나 인터넷 정보와는 다른 현실적인 조언과 생생한 경험을 들을 수 있다. 실제 육아 환경을 눈으로 확인하면서, 이론적인 정보와 실생활에서 차이를 바로 느낄 수 있다.

첫째를 키우면서 나는 한 가지 중요한 사실을 배웠다. 육아는 단순히 물건을 사는 것으로 해결되지 않는다는 점이다. 육아 선배의 집을 방문했을 때, 생각보다 간소한 물품들로도 충분히 육아가 가능하다는 걸 직접 보게 되었다. 바운서나 수유 쿠션처럼 필수품으로 여겨지는 용품들도 막상 아이가 태어나면 가끔만 사용하는 경우가 많았다. 반면, 생각지도 못했던 물건들이 유용하게 쓰이기도 했다. 예를 들어, 작은 손수건이나 방수 패드 같은 것들은 하루에도 여러 번 필요했다. 이렇게 직접 경험한 부모들의 조언은 제품 광고나 전문가들의 추천보다 훨씬 현실적이었다.

또한, 집 안의 육아 동선과 용품 배치 방법도 배울 수 있다. 아기의 침대 위치, 수유용품 보관 장소, 기저귀 교환대의 위치 등이 실제 생활에서 어떻게 구성되는지를 확인하면서, 우리 집 환경에 맞는 육아 공간을 계획할 아이디어를 얻을 수 있었다. 처음에는 책에서 본 대로 완벽한 육아 공간을 만들려고 했지만, 실제로는 아이의 성장에 따라 공간을 유연하게 바꾸는 것이 더 중요하다는 것을 알게 되었다.

육아용품을 준비하면서 무엇을 사야 할지 고민하기 전에, 실제 경험자의 조언을 듣는 것이 중요하다. 어떤 물건이 가장 유용했는지, 어떤 용품이 예상보다 필요하지 않았는지를 듣고 나면 자연스럽게 불필요한 소비를 줄이고 꼭 필요한 것만 준비할 수 있다. 실제로 부모들이 자주 사용하는 용품은 많지 않고, 생각보다 적은 제품으로도 육아는 충분히 가능하다.

나는 둘째를 준비하면서 첫째 때의 실수를 되풀이하지 않기로 했다. 그래서 출산 전, 먼저 육아 선배들의 집을 방문해 어떤 물품이 꼭 필요한지 직접 확인했다. 그 결과, 첫째 때 샀지만 사용하지 않았던 것들은 과감히 제외하고, 정말 필요한 것들만 준비할 수 있었다. 이렇게 실질적인 경험을 바탕으로 준비하면, 불필요한 지출을 줄이고 더 실용적인 육아 환경을 만들 수 있다.

육아는 '템'보다 '템 활용력'

적절한 육아용품이 부모의 수고를 덜어주는 것은 사실이지만, 모든 육아용품이 필요한 것은 아니다. 기능이 뛰어난 제품을 갖춘다고 육아가 쉬워지는 것은 아니다. 오히려 각 가정의 생활 방식과 아기의 성향에 맞는 선택이 더 중요하다.

육아용품의 가격 대비 사용 기간을 고려하면 신중한 선택이 필요하다. 고가의 제품일수록 사용 기간이 길 것 같지만, 몇 개월 혹은 1년 내외로 사용이 끝나는 경우도 많다. 브랜드나 광고에만 의존하기보다, 실제 경험자의 조언을 듣는 것이 더 현명한 소비 기준이 된다.

또한, 신생아 시기에는 불필요한 물건을 미리 준비하는 것보다, 아이가 태어난 후 필요에 따라 하나씩 추가하는 것이 더 효율적일 수 있다. 첫째 때는 다양한 용품을 미리 준비했지만, 결국 필요하지 않은 물건들이 많았던 반면, 둘째를 키울 때는 꼭 필요한 것만 준비하며 더 여유로운 육아를 할 수 있었다.

결국, 육아는 좋은 물건이 아니라, 그것을 어떻게 활용하고 부모가 어떻게 적응하느냐에 달려 있다. 베이비페어에서 제공하는 다양한 정보와 육아 경험자의 현실적인 조언을 균형 있게 활용하여, 우리 가족에게 꼭 맞는 선택을 하는 것이 중요하다. 주변 부모들의 현실적인 조언을 참고하며, 아이와 함께 성장하고 필요한 것을 하나씩 채워 가는 것이 육아 준비의 가장 좋은 방법이다.

> 육아에 바로 써먹는 **한 – 줄 가이드**
>
> 무엇을 살지 고민하기 전에, 먼저 경험자의 조언을 듣는 것이 진짜 준비다.

거절도 연습이 필요하다
선 긋기도 사랑의 방식이다

나의 일상은 바뀌지 않았다

한동안 스크린골프에 빠져 있었다. 아내가 임신한 후에도 일상의 변화는 크지 않았다. 퇴근 후 동료들과 함께 스크린골프를 치며 시간을 보냈고, 집에 돌아오는 시간은 늘 늦었다. 운동이라는 명분으로 개인적인 시간을 즐겼고, 야근을 하거나 술을 마시는 것보다 나은 선택이라고 스스로 정당화했다.

여느 날처럼 늦은 밤, 집에 들어서니 아내는 거실 소파에 기대어 있었다. 저녁도 간단히 해결한 듯했고, 하루 종일 누워만 있었다는 흔적이 보였다. 임신으로 인해 몸이 무거워지고, 작은 움직임에도 피곤함을 느끼는 시기였다. 집에 들어서자마자 마주한 아내의 지친 모습은, 아빠인 나는 임신 전과 다르지 않은 하루를 살아가고 있었지만, 엄마인 아내는 집에서 쉬는 일조차 마음 편히 할 수 없다는 사실을 그날 처음으로 실감했다.

임신 중 엄마의 일상은 자연스럽게 달라진다. 몸은 무거워지고 쉽게 지치며, 식습관과 수면 패턴까지 변한다. 이전과 같지 않은 몸과 감정을 하루하루 겪으며, 엄마는 이미 부모가 되어갈 준비를 시작한다. 반면 아빠의 일상은 크게 달라지지 않는다. 출근하고 일하고, 사람을 만나고 잠드는 하루는 그대로다. 몸이 변하지 않으니 마음도 실감하기 어렵다. 그래서 더 의식적으로 준비해야 한다. 변화가 없는 쪽이 먼저 깨어 있어야 한다. 임신은 단순히 아내 혼자 감당해야 하는 과정이 아니라, 아빠도 함께 준비하고 새로운 우선순위를 설정해야 하는 중요한 시기다. 그 과정에서 가장 먼저 해야 할 일은 불필요한 활동을 줄이고, 가족에게 집중할 수 있는 환경을 만들어야 한다.

거절은 가족을 위한 선택이다

아빠가 할 수 있는 첫 번째 준비는 '거절'이다. 일상의 작은 선택에서 덜 중요한 것들을 줄이고, 아내 곁에 머무를 수 있는 시간을 만드는 일부터 시작해 보자. 거절은 단순히 외부 활동을 줄이는 것이 아니다. 덜 중요한 것들을 내려놓고, 가장 소중한 것에 집중하는 과정이다.

임신 기간 동안 아내는 신체적인 불편함뿐 아니라 정서적인 불안감도 함께 겪는다. 하루 종일 몸의 무게와 마음의 걱정을 안고 지내다가, 가족이 곁에 있을 때 비로소 안정감을 느낄 수 있다. 하지만 아빠가 이전처럼 운동이나 모임 등 외부 활동을 계속 우선하면, 아내는 점점 더 혼자 버티는 시간이 길어지고, 고립감마저 느끼게 된다. 그 시간이 반복되면, 출산 이후에도 '모든 걸 혼자 감당해야 한다.'라는 인식으로 이어질 수 있다.

그러니 퇴근 후 일상의 우선순위를 바꿔보자. 아내와 함께 저녁을 준비하거나, 짧게라도 산책하며 하루를 마무리하는 시간을 만들어보는 것이다. 작고 단순한 변화지만, 그 시간은 아내에게는 정서적 안정이 되고, 아빠에게는 가족과 연결되는 중요한 시작이 된다. 바쁜 하루의 끝, 어디에 머무느냐에 따라 가족의 하루도 함께 달라진다.

거절을 실천하는 방법

거절은 익숙하지 않으면 더욱 어렵게 느껴질 수 있다. 하지만 처음부터 큰 변화를 시도하기보다는 작은 실천부터 시작하는 것이 도움이 된다. 퇴근 후 시간을 가족과 보내려면 일정 정리가 먼저다. 예를 들어 특정 요일을 정해 가족과 시간을 보내는 규칙을 세우면, 외부 활동 요청이 들어와도 자연스럽게 조정할 수 있다. 일정이 정해지면, 가족과의 시간을 더 안정적으로 유지할 수 있다. 외부 활동을 조절하는 방법도 필요하다. 친구나 동료들과의 모임을 완전히 끊을 필요는 없지만, 빈도를 줄이고 대안을 마련하는 것이 중요하다. 기존처럼 즉흥적으로 약속하지 말고, 한 달에 한두 번 정도 사전에 계획해 시간을 내는 방식으로 조정하자. 이 과정에서 관계를 고려해 정중하게 설명하고, 다음 만남을 미리 약속하는 것도 좋은 방법이다.

거절이 쉽지 않게 느껴진다면, 이렇게 말해보자. "오늘은 집에 임신한 아내가 기다리고 있어." 이 한마디면 충분하다. 상대는 자연스럽게 이해하고, 당신은 가정을 우선하는 사람으로 기억된다. 아이가 태어난 후에는 이 말이 "오늘은 집에 아이가 기다리고 있어."로 바뀌게 될 것이다. 이렇게 단순한 표현 하나로, 당신은 이미 가족을 먼저 생각하는 아빠의 모습을 만들어가고 있는 셈이다. 가족과의 시간을 보다 의미 있게 만들기 위해 작은 목표를 설정하는 것도 효과적이다. 예를 들어, 일주일에 세 번은 저녁을 함께 먹거나, 하루에 30분 이상 대화를 나누는 등의 구체적인 목표를 정하면 가족과의 시간이 자연스럽게 우선순위가 된다. 이렇게 일정과 목표를 정해두면, 외부 활동을 줄이는 것이 단순한 제한이 아니라 가족을 위한 긍정적인 선택이 될 수 있다.

거절은 책임을 회피하는 것이 아니라, 가족을 우선으로 생각하는 결정이다. 아내와 아이를 위한 시간은 단순히 함께 있는 것 이상의 의미가 있다. 그 시간은 가족이 서로를 지지하고 함께 성장할 수 있는 토대가 된다. 가족과 함께 보낸 시간은 일상처럼 느껴질 수 있지만, 그 안에서 아내는 안정감을 얻고, 아이는 아빠와의 유대를 통해 세상을 배워간다. 아빠의 역할은 특별한 순간이 아닌, 일상 속 작은 선택들이 모여 완성된다.

오늘 내려놓은 한 가지 선택이 결국 가족을 위한 더 큰 기회가 될 수 있다. 작은 선택들이 쌓일수록 가족의 행복과 함께 아빠로서의 성장은 계속될 것이다. 그리고 시간이 지나 돌아보았을 때, 그 선택들이 가장 의미 있는 순간으로 남게 될 것이다.

> **육아에 바로 써먹는 한-줄 가이드**
> 시간이 없다면 기준을 다시 세워라. 가족을 위한 우선순위를 직접 정하자.

언제든 출동할 준비를 하자
준비된 아빠는 두려움이 없다

언제든 출동할 수 있도록 준비

출산이 가까워지면 집안의 분위기는 자연스럽게 긴장된다. 언제 진통이 시작될지 모르기 때문이다. 마치 군대에서 5분 대기조가 전투복을 입고 즉시 출동할 준비를 하는 것처럼, 아빠도 출산 임박 시점에는 언제든 병원으로 이동할 준비가 되어 있어야 한다.

출산 예정일은 말 그대로 '예정'일 뿐이며, 실제로 그날 아이가 태어나는 경우는 드물다. 특히 첫째는 예정일보다 늦어지는 경우가 많고, 둘째부터는 출산이 더 빠를 수 있다고 하지만, 어디까지나 개인차가 있다. 자연 분만의 경우 진통이 언제 시작될지 모르기 때문에 아빠는 항상 대비해야 한다.

첫째를 임신했을 때, 출산이 가까워질수록 긴장감이 높아졌다. 예정일이 다가오지만, 정작 언제 진통이 시작될지는 알 수 없었다. 세쌍둥이 때는 상황이 더 복잡했다. 제왕절개로 날짜가 정해져 있었지만, 첫째 때의 경험을 떠올리면 갑자기 진통이 시작될 수도 있고, 예정보다 빠르게 출산이 진행될 수도 있다. 그러므로 언제든지 병원으로 바로 갈 수 있게 출산 가방을 차에 챙겨 다녔다. 출근 중에도 휴대폰을 손에 쥔 채 긴장하며 대기했다.

임박한 출산, 아빠의 점검 리스트

출산이 가까워질수록 아빠가 준비해야 할 것들이 많아진다. 중요한 것은 불안해하지 않고 침착하게 대비하는 것이다. 미리 준비한 만큼 당황하지 않고 차분하게 대처할 수 있다.

가장 먼저 준비하는 것은 출산 가방이다. 출산 가방은 출산 예정일 최소 2~3주 전에는 준비해 두는 것이 좋다. 언제든 들고 나갈 수 있도록, 집에서 가장 눈에 잘 띄는 곳에 두는 것이 중요하다.

출산 가방은 아내가 병원에서 편안하게 머물 수 있도록 도와주는 물품들을 담는다. 출산 후 병원에 머무르는 동안 필요한 물품을 미리 준비해 두어야 한다. 하지만 단순히 짐을 챙기는 것이 아니라, 병원에서 실제로 필요한 것들을 중심으로 구성하는 것이 중요하다.

병원에서도 기본적인 용품을 제공하지만, 산모가 직접 준비해야 할 것들도 많다. 편한 잠옷과 수유 브라, 속옷과 수건, 세면도구 등을 미리 준비하는 것이 좋다. 병원에서 제공하는 것들이 있긴 하지만, 직접 사용하는 제품이 더 편할 수 있다. 출산 직후부터 초유가 나오기 때문에 수유 패드도 미리 챙겨 두는 것이 좋다.

아기용품도 빠뜨릴 수 없다. 배냇저고리, 기저귀, 물티슈, 손수건 등을 준비해 둔다. 병원에서 제공되는 것들이 있긴 하지만, 퇴원할 때는 개인 용품이 필요하다. 특히 퇴원하는 날 입힐 옷은 계절에 맞춰 준비해야 한다. 쌍둥이의 경우 각 아이에게 필요한 물품을 개별로 챙겨야 한다. 세쌍둥이 출산할 때도 아기용품은 각각 세 개씩 준비했다.

아빠가 병원에서 머무르는 동안 필요한 용품도 챙겨야 한다. 교체할 옷, 세면도구, 충전기, 보조배터리는 필수다. 출산이 길어질 때 보호자도 체력을 보충해야 하므로 간식과 음료수도 미리 챙겨 두는 것이 좋다.

다음으로 병원까지의 이동 경로를 점검하는 것도 중요하다. 출산이 임박하면 아내는 극심한 통증을 느끼게 된다. 이동하는 과정에서 아내가 불안감을 느끼지 않도록 미리 준비해야 한다.

차량 이동이 원활한지 사전에 확인하는 것이 좋다. 특히 출퇴근 시간대에는 도로 정체가 심할 수 있으므로, 대체 경로를 마련해 두는 것이 좋다. 낮과 밤의 차량 흐름이 다를 수 있으므로, 여러 시간대를 고려해 이동 시간을 점검해 본다. 또한, 주차 공간과 응급실 출입구 위치도 미리 확인해야 한다. 병원마다 주차장이 협소한 경우가 많고, 출산 시에는 응급실을 통해 입원하는 경우가 많다. 미리 응급실 출입구가 어디인지 확인하고, 주차 공간을 점검해 두면 불필요한 혼란을 줄일 수 있다.

혹시라도 차를 이용할 수 없는 상황을 대비해 가까운 택시 승차장이나 대중교통 이용 방법도 알아두는 것이 좋다. 병원이 먼 경우라면 사설 구급차 연락처도 미리 저장해 두는 것이 필요하다.

출산이 갑작스럽게 진행될 수도 있다. 아빠가 출근 중이거나 집을 비운 상황에서도 신속하게 대응할 수 있도록 119 안심콜 서비스를 등록하는 것이 중요하다.

119 안심콜은 응급 상황 발생 시, 미리 등록한 정보를 바탕으로 신속한 대응을 받을 수 있는 서비스다. 산모가 혼자 있을 때 진통이 시작되더라도 119에 전화하면 출산 예정 병원과 산모 정보가 바로 전달되기 때문에 신속한 조치가 가능하다.

서비스 등록은 간단하다. 119 안전신고센터(https://119.go.kr)에 접속해 개인 정보와 출산 병원에 대한 정보를 입력하면 된다. (아내와 남편 둘 다 등록이 가능하다.) 등록해두면 119에 전화할 때 관련 정보가 자동으로 전달되어, 바로 도움을 받을 수 있다.

출산 병원이 관외 지역에 있는 경우에는 사설 구급차 연락처도 미리 저장해 두는 것이 좋다. 간혹 119구급차 이용이 제한될 수 있기 때문에, 민간 이송 서비스도 함께 고려하는 것이 필요하다. 출산을 앞둔 아빠가 할 수 있는 가장 중요한 준비는 불안함을 줄이고, 차분하게 대처할 수 있도록 미리 대비하는 것이다.

　이 모든 준비는 결국 아내가 안정감을 느끼고, 아빠가 자신감을 가질 수 있도록 하는 과정이다. 출산은 예측할 수 없는 순간에 찾아올 수 있다. 하지만 미리 준비한 만큼, 아빠는 그 순간을 침착하게 맞이할 수 있다. 아빠가 모든 상황을 완벽하게 준비할 수는 없다. 하지만 대비하고 준비하는 태도 자체가 중요하다.

　출산은 계획대로 흘러가지 않는 경우가 많다. 예측할 수 없는 상황도 있고, 예상치 못한 순간에 당황할 수도 있다. 그렇기에 아빠는 그 어떤 상황에서도 차분하게 대응할 수 있도록 마음가짐부터 준비해야 한다.

> **육아에 바로 써먹는 한-줄 가이드**
> 임신 후반기에는 무엇도 예측할 수 없다. 아빠의 준비는 시뮬레이션이다.

둘만의 시간을 소중히 즐기자
다시 오지 않을 부부의 시간

부부를 위한 시간

육아를 먼저 경험한 부모들이 아쉬워하는 순간 중 하나는 첫 임신 때 아내와 둘만의 시간을 충분히 즐기지 못한 점이다. 당시에는 육아가 삶을 얼마나 바꿀지 실감하지 못했고, 아이가 태어나도 일상이 크게 달라지지 않을 거로 생각했다. 하지만 돌이켜보면 그 시절이 얼마나 소중했는지 깨닫게 된다.

임신은 부부에게 가장 특별한 변화를 준비하는 시간이다. 새로운 생명을 기다리며 부모가 될 준비를 하는 동시에, 부부로서의 관계를 더욱 단단히 다질 기회이기도 하다. 단순히 아이를 기다리는 것이 아니라, 함께하는 시간을 통해 서로를 이해하고, 앞으로의 변화를 함께 준비할 수 있는 중요한 순간이다.

출산이 가까워질수록 아이를 맞이할 준비는 현실적인 모습으로 다가

온다. 육아용품을 준비하고, 출산 후 생활을 계획하는 것도 중요하지만, 그보다 중요한 것은 부부로서의 관계를 더욱 돈독히 다지는 것이다. 아이가 태어나면 대부분의 시간과 에너지가 아이를 중심으로 돌아가게 되며, 부모로서 새로운 역할을 감당해야 한다. 이때 임신 기간 동안 쌓아둔 부부만의 시간과 기억이 앞으로의 변화 속에서 함께 나아갈 힘이 된다.

임신 기간 동안 아빠로서 아이와의 연결을 실감하기는 쉽지 않다. 엄마는 정기 검진을 통해 아이의 성장 과정을 지켜보고 태동을 느끼며 자연스럽게 교감하지만, 아빠는 이러한 변화를 직접적으로 경험하기 어렵다. 그래서 임신 중에도 아이와의 거리를 조금씩 좁혀갈 수 있는 방법을 찾는 것이 중요하다.

예를 들어, 같은 장소에서 아내의 배가 커지는 모습을 매월 사진으로 남겨보는 것도 하나의 좋은 방법이다. 나 역시 이 방법을 시도하지는 못했지만, 지금 생각해 보면 해봤으면 좋았겠다는 아쉬움이 남는다. 특별한 준비 없이도, 스마트폰으로 간단히 찍는 것만으로 아이가 자라고 있음을 실감할 수 있고, 함께한 시간의 기록이 자연스럽게 쌓인다. 꼭 거창한 기록이 아니어도 괜찮다. 이런 작은 습관이 훗날 부모가 된 자신에게는 무게감 있는 추억으로 돌아올 수 있다.

임신 기간은 단순히 아이를 맞이하기 위한 준비 시간이 아니다. 부모로서 함께 성장하고, 부부의 관계를 더욱 단단히 다져가는 시간이다. 지금, 이 순간을 어떻게 보내느냐에 따라, 출산 이후의 삶도 더 의미 있고

견고해질 수 있다.

안정된 휴식을 누릴 수 있는 마지막 시기

출산 후 육아가 시작되면 부부는 쉴 틈 없는 나날을 맞이하게 된다. 밤중 수유와 아이의 울음소리로 수면 패턴은 무너지고, 하루하루는 정신없이 흘러간다. 시간이 지나 육아에 익숙해질수록 조금씩 나아지지만, 통잠을 다시 잘 수 있는 날까지는 오랜 시간이 필요하다.

지금 이 시기는 안정된 휴식을 취할 수 있는 마지막 기회다. 주말 아침 늦잠을 자거나, 카페에서 여유롭게 차를 마시며 대화를 나누는 순간이 얼마나 소중한지 깨닫게 될 날이 올 것이다. 함께 아침을 먹으며 나누는 소소한 이야기와 웃음, 방해받지 않고 서로에게 집중하는 시간은 육아가 시작된 후 점점 줄어든다.

이 시기는 단순한 휴식을 넘어, 앞으로 마주할 육아의 어려움을 대비할 에너지를 채우는 시간이다. 지금의 여유를 통해 서로를 더욱 이해하고, 다가올 변화를 함께 준비하는 것이 중요하다. 이 순간을 충분히 누릴수록 출산 후에도 부부로서의 유대감이 더욱 단단해질 것이다.

아내가 남편의 배려를 온전히 느낄 수 있는 시기

임신 기간은 아내가 남편의 배려를 온전히 느낄 수 있는 시기다. 출산 이후에는 남편이 아무리 노력해도, 대부분의 관심은 아이에게 쏠린다.

자연스럽게 아내의 에너지는 아이를 돌보는 데 집중되면서, 남편의 노력은 상대적으로 덜 주목받을 수밖에 없다.

하지만 지금은 다르다. 작은 배려 하나에도 아내는 더 큰 감동을 받을 수 있다. 힘들어하는 아내에게 건네는 따뜻한 말 한마디, 밤중에 함께 있어 주는 작은 행동, 좋아하는 음식을 챙기는 사소한 배려도 아내에게는 큰 위로가 된다. 지금 남편이 보이는 배려는 단순한 친절이 아니라, 앞으로의 삶을 함께 준비하는 과정이다.

이러한 배려는 출산 후에도 큰 영향을 미친다. 임신 중에 아내가 받은 배려와 사랑은, 출산 후에도 부부 관계를 지탱하는 강한 연결고리가 된다. 힘든 육아 속에서도 함께했던 기억과 따뜻한 순간들이 부부가 서로를 더욱 의지하고 신뢰할 수 있는 기반이 된다.

임신 기간은 부부가 함께 쌓은 추억과 관계를 기반으로, 새로운 여정을 준비할 수 있는 소중한 시간이다. 이 시기의 대화와 기억, 서로에 대한 배려는 앞으로의 삶에 큰 힘이 된다.

출산 후에는 아이와 함께하는 새로운 날들이 펼쳐진다. 그 변화 속에서도 함께한 특별한 순간들은 앞으로의 여정을 더 풍요롭게 하는 든든한 토대가 된다. 지금의 순간을 충분히 누리며, 다가올 새로운 시작을 함께 준비하는 것이 중요하다.

육아에
바로 써먹는
**한 – 줄
가 이 드**

추억을 남기자. 아내와 함께 웃는 순간이 나중에 당신을 지켜줄 것이다.

아빠, 이런 생각하지 마세요

Q. 아이를 돌보는 데 많은 육아용품이 있어야 하지 않을까요?

A. 초보 아빠일수록 육아용품을 많이 준비해야 아이를 잘 돌볼 수 있다고 생각하기 쉽다.
나도 첫째를 맞이하며 유모차, 아기 침대, 온갖 장난감을 쌓아두었지만, 정작 아이가 가장 좋아한 건 비싼 장난감보다 내 품, 유모차보다 내 팔이었다.
육아에 정말 필요한 건 물건이 아니라 시간과 관심이라는 것을 기억하면 좋다.

아빠, 이렇게 하세요!

 지역 육아종합지원센터에서 제공하는 '육아용품 무료 대여 서비스'를 활용해 보자. 예를 들어, 안양시는 '카시트 무료 대여 사업'을 통해 신생아 시기에 사용하기 좋은 바구니 카시트를 무료로 대여해주고 있다. 이러한 서비스는 지역마다 다르므로, 거주지의 육아종합지원센터에 문의하거나 보건복지부 홈페이지를 통해 확인하실 수 있다.

육아종합지원센터

3장 출생 후, 아빠가 알아야 할 현실 육아

"오하나는 가족이라는 뜻이야.
가족은 아무도 뒤에 남겨지거나
잊혀지지 않는다는 뜻이야."

– 애니메이션 〈릴로와 스티치〉 중에서

아이와 함께 아빠로 태어나다
출산, 아빠 역할의 시작점

아름다운 출산은 없다

출산은 아이가 세상에 나오는 순간이면서, 엄마가 긴 시간을 묵묵히 견뎌낸 끝이기도 하다. 나는 아내의 두 번의 출산을 함께했다. 첫째는 자연분만이었고, 세쌍둥이는 제왕절개로 태어났다. 과정은 달랐지만, 아이를 처음 만나는 감격과 설렘은 지금도 생생하다. 그러나 출산의 과정은 생각보다 훨씬 길고, 고통스러우며, 예측할 수 없는 일들의 연속이다.

첫째가 태어날 때, 나는 분만실 밖에서 초조하게 기다리다가 의료진의 호출을 받고 안으로 들어갔다. 아내는 여러 개의 의료기기에 연결된 채 분만대에 누워 있었다. 태아의 심박수와 자궁 수축을 확인하는 기계의 불빛이 깜빡였고, 아내는 일정한 간격으로 밀려오는 진통에 맞춰 힘겹게 숨을 들이쉬고 내쉬었다. 내가 할 수 있는 일은 손을 잡아주는 것뿐이었다. 하지만 그 손을 잡는 것조차 어떻게 해야 할지 몰랐다.

자연분만이 진행되는 동안, 아내는 점점 더 힘들어했다. 규칙적이던 진통이 점차 강도를 더해갔다. 의료진의 지시에 따라 호흡을 조절했지만, 고통은 쉽게 가라앉지 않았다. 나는 곁에서 어설프게 응원하는 것 말고는 할 수 있는 일이 없었다. 출산은 영화처럼 빠르게 끝날 줄 알았지만, 현실은 훨씬 길고 험난했다. 몇 시간 동안 이어지는 고통 속에서 아내는 마지막 힘을 다해 아이를 세상 밖으로 밀어냈다. 그 순간, 첫 울음소리가 들렸다.

세쌍둥이를 맞이한 날은 또 다른 경험이었다. 제왕절개는 비교적 정해진 일정에 맞춰 진행되었고, 수술실에서 차분하게 준비가 이루어졌다. 그러나 수술실 앞에서 나는 다시 한번 아무것도 할 수 없는 무력감을 느낀다. 의사와 간호사들이 분주하게 움직이는 가운데, 나는 홀로 보호자 대기실에 서서 무사히 출산하기를 기도할 수밖에 없었다. 수술실에 들어간 지 30분도 채 지나지 않아 아이들이 한 명씩 세상으로 나왔다. 자연분만과는 또 다른 방식이었지만, 긴장과 설렘, 그리고 책임감이 동시에 밀려왔다.

분만실에서 아빠가 할 수 있는 일

출산의 방식이 무엇이든, 과정이 쉽지 않다는 점은 같다. 출산은 단순한 순간이 아니다. 아이가 태어나기까지의 전 과정이며, 아빠가 함께해야 할 시간이다. 아내는 극도의 신체적, 정신적 변화를 겪으며 출산을 맞이한다. 이때 아빠가 곁에 있는 것만으로도 큰 힘이 될 수 있다. 출산 중에는 아내가 정서적으로 안정감을 느낄 수 있도록 돕는 것이 무엇보다 중요하다. 아내가 불안해하지 않도록 조용히 말을 건네고, 손을 잡고, 필요할 때 물을 건네는 일들이 작지만, 중요한 역할이 된다.

날짜가 정해진 제왕절개와 달리, 자연분만은 언제 시작될지 몰라 아빠는 늘 대비하는 태도를 가져야 한다. 진통이 시작되면 상황이 급박해지므로, 병원 가방을 미리 점검하고 병원까지의 이동 경로를 숙지해 두는 것이 필수다. 특히 아내가 극심한 통증을 호소할 때는 침착하게 대응해야 한다. 병원에 도착하면 접수 절차를 빠르게 진행하고, 의료진과 원활하게 소통하며 아내의 상태를 공유하는 것도 아빠의 몫이다.

분만실에 들어서면 본격적으로 아빠의 역할이 시작된다. 진통이 심해질수록 아내는 체력적으로도, 정신적으로도 한계에 가까워진다. 이때 가장 중요한 것은 아내가 호흡을 안정적으로 유지할 수 있도록 돕는 것이다. 진통이 올 때마다 천천히 들이마시고 길게 내쉬는 호흡을 반복하면 통증을 조금이라도 완화할 수 있다. 힘을 주어야 할 순간이 오면 의료진의 지시에 맞춰 적절한 시기를 알려주며 격려하는 것도 필요하다. 손을 잡아주거나 허리를 받쳐주는 단순한 행동이지만, 그 순간에는 무엇보다 큰 힘이 된다. 진통 사이에는 젖은 수건으로 이마를 식혀주거나, 입술을 적신 거즈로 가볍게 닦아주는 것도 도움이 된다. 작은 행동이지만, 아내에게는 큰 위로가 된다.

출산이 끝나고 아이가 태어나는 순간, 짙은 감격과 안도감이 몰려온다. 하지만, 이 순간이 끝이 아니다. 이제부터 해야 할 역할이 또 있다. 신생아의 건강 상태를 확인하고, 의료진과 함께 필요한 절차를 진행해야 한다. 출생 신고에 필요한 서류를 챙기고, 신생아 검사와 예방 접종 일정을 확인해야 한다.

무엇보다 출산의 고통을 견뎌낸 아내에게 진심을 담아 감사를 전하는 것이 중요하다. 단순한 말 한마디가 아니라, 출산 후 몸과 마음이 지친 아내가 실질적으로 쉴 수 있도록 배려해야 한다. 출산은 산모에게 엄청난 체력 소모를 요구하는 과정이며, 출산 직후에도 회복을 위한 시간이 필요하다.

아빠로서 할 수 있는 일은 많다. 먼저, 아내가 편안하게 휴식할 수 있도록 환경을 조성해야 한다. 병실에서 필요한 물품을 챙기고, 산모식이 준비되었는지 확인하며, 불필요한 방문객이 아내를 피곤하게 하지 않도록 조정하는 것도 중요하다. 또한, 아이를 돌보는 일이 아내에게만 집중되지 않도록 적극적으로 신생아 보살핌에 참여해야 한다.

출산 직후 산모는 몸을 자유롭게 움직이기 어렵다. 물이나 따뜻한 음식을 챙기고, 수유나 자세를 바꿀 때 도와주며, 필요한 물건을 바로 챙겨 주는 것이 필요하다.

아빠로서의 첫 시작

자연분만이든 제왕절개든, 출산을 함께 겪는다는 것은 곁에서 지켜보는 것만으로도 마음에 깊이 새겨진다. 그저 감격스러운 순간을 함께하는 것이 아니라, 앞으로 감당해야 할 역할과 책임을 실감하게 되는 시간이다. 아이가 태어나는 순간부터 아빠의 역할도 함께 시작된다. 아내의 고통을 지켜보는 일, 태어난 아이를 처음 만나는 일, 회복 중인 아내를 도우며 하루를 보내는 일까지. 모두 아빠가 해야 할 일이며, 피할 수 없는 책임이기도 하다. 이제부터는 곁에 있기만 해서는 안 된다. 함께 움직이고, 함께 감당해야 한다.

출산은 단순한 감동의 순간이 아니라, 가족이라는 공동체 안에서 아빠가 중심을 잡기 시작하는 출발점이다. 작지만 분명한 태도가 쌓이며 아빠라는 역할이 서서히 자리 잡는다. 이제부터는 '곁에 있는 사람'이 되는 것만으로 충분하지 않다. 출산을 함께한 아빠라면, 그날의 기억을 바탕으로 가족의 삶에 더 깊이 참여하는 사람이 되어야 한다. 아내가 견뎌낸 고통과 아이가 태어난 순간의 무게를 기억한다면, 앞으로 어떤 육아의 순간에도 흔들리지 않는 중심이 될 수 있다. 출산은 아빠가 능동적으로 가족의 중심에 서는 첫 경험이다. 이 경험은 이후의 육아, 관계, 책임의 시작점이 된다. 예비 아빠라면 이 시기를 그저 곁에 있는 시간이 아닌, 함께 태어나는 시간으로 받아들이면 좋겠다.

> **육아에 바로 써먹는 한-줄 가이드**
>
> 아름다운 출산은 없다. 아이와의 첫 만남을 '아빠로서의 시작'으로 준비하자.

육아는 어디서 배우나
육아의 출발선, 같이 서자

육아의 출발은 낯설다

아이를 안는 일은 본능적으로 할 수 있을 거라 여겼다. 하지만 아이를 처음 안는 순간 몸이 굳었다. 손끝에 닿는 작은 체온이 낯설었고, 어떻게 안아야 할지 몰라 주춤거렸다. 목을 받쳐야 한다는 말은 들었지만, 어느 정도로 해야 하는지 감이 잡히지 않았다. 아이가 움찔할 때마다 깜짝 놀랐고, 혹여나 다칠까 봐 조심스러웠다.

이런 감정은 아빠만의 것이 아니다. 아내도 같았다. 열 달 동안 아이를 품고 있었지만, 막상 태어난 아이를 안는 순간 모든 것이 낯설었다. 병원 신생아실이나 산후조리원에서 간호사가 아이를 안겨줄 때조차 손이 어색하게 움직였다. 수유하려 해도 엄마와 아이 모두 편안한 자세를 취하지 못했고, 기저귀를 갈 때도 한참 걸렸다.

육아는 아이가 태어나는 순간부터 시작된다. 그 누구도 처음부터 잘할 수 없다. 엄마도, 아빠도 모두 초보다. 아빠가 낯설어하는 모든 것이 아내에게도 낯설다. 다만, 아빠는 몸에 변화가 없지만 아내는 출산으로 몸까지 힘든 상태라는 점이 다르다. 밤중 수유에 깨야 하고, 똑바로 앉아 있기도 힘든 몸으로 아이를 돌봐야 한다. 산후통에 시달리면서도 아이를 안아 올려야 한다. 몸도 마음도 한계에 가까워진다.

육아는 '엄마니까' 잘하는 게 아니라, 배우고 해봐야 익숙해지는 것이다. 아내만이 아니라, 아빠도 배워야 한다.

실전 육아, 조리원에서는 몰랐던 일들

조리원에서 산모의 건강관리뿐만 아니라 기본적인 신생아 돌봄 교육을 받는다. 기저귀를 갈고, 트림을 시키고, 수유를 돕는 방법도 배운다. 모자동실 시간이 있어 아이를 직접 돌볼 기회도 있다. 그때는 충분히 할 수 있을 거로 생각했다. 하지만 현실은 달랐다. 조리원에서는 간호사가 옆에서 도와준다. 수유할 때 아이가 제대로 물지 않아도, 바로 도움을 받을 수 있다. 기저귀를 갈 때도 간호사가 함께 있어 긴장되지 않는다. 아이가 울어도 모자동실 시간이 정해져 있었기 때문에, 그 시간만 견디면 된다는 생각이 들었다.

집에 오면 상황이 달라진다. 기저귀를 갈다가 실수해도, 바로 도와줄 사람이 없다. 조리원에서는 소변 기저귀만 갈아봤기 때문에, 대변을 본 아이의 엉덩이를 닦고 기저귀를 가는 데 한참을 헤맸다. 아이가 울어도 옆에서 알려줄 사람이 없다. 모자동실 시간이 끝나기만을 기다리던 때와 달리, 이제는 울음을 멈출 때까지 안아서 달래는 수밖에 없다. 밤중 수유를 하다가도, 아내와 둘이 어떻게 해야 할지 몰라 우왕좌왕하기 일쑤였다. 조리원에서 배운 것만으로 육아를 할 수 있을 거로 생각하지만, 육아는 실전이다.

불편함을 넘어, 육아를 배우는 시간

아내가 출산 후 회복하는 동안, 산모·신생아 건강관리 지원사업을 통해 산후도우미의 도움을 받았다. 일정 기간 전문 교육을 받은 도우미가 가정을 방문해 산모와 신생아의 건강관리를 돕는 정부 지원 제도다. 처음엔 솔직히 망설였다. 서비스 품질이 지역이나 도우미에 따라 다르다는 이야기를 들었고, 낯선 사람이 우리 집에 들어와 함께 지내는 게 불편하게 느껴졌다. 혹시나 우리 방식과 너무 달라 오히려 스트레스가 되진 않을까, 괜한 걱정도 앞섰다.

도우미가 처음 집에 왔을 때, 나는 그 어색함을 견디기 어려워 일부러 외출하거나 늦게 들어오는 날이 많았다. '아이가 잘 보살핌을 받고 있으니 굳이 내가 나설 필요는 없겠다.'라는 생각도 들었다. 하지만 그 시간, 아내는 도우미와 함께 육아를 배우고 있었다. 수유 후 트림을 시키는 방법, 기저귀를 갈 때 손의 위치, 목욕 시 몸을 지탱하는 요령까지. 직접 보고, 따라 하고, 시행착오를 거치며 아내는 하루하루 조금씩 익숙해지고 있었다. 반면 나는 퇴근 후, 아내에게 배우는 상황이 되었고, 처음 육아를 시작하는 사람끼리 서로 가르치고 배우는 건 생각보다 쉽지 않았다. 운전으로 비유하면 이해가 빠르다. 운전 연습을 할 때, 경험 많은 강사와 함께라면 차분히 배울 수 있다. 하지만 운전 경험이 적은 가족이 옆에서 "그렇게 하면 안 돼.", "브레이크 밟아야지!"라며 알려주면, 가르치는 사람도 배우는 사람도 불안하고 서툴 수밖에 없다. 육아도 마찬가지다. 초보인 아내가 내게 설명하려 해도 말이 잘 안 나오고, 나는 제대로 따라 하지 못한다. 결국 서로 답답해지고, 어느 순간 아내가 "그냥 내가 할게."라고 말하게 된다. 이런 상황이 반복되면, 아빠는 육아의 시작점에서 점점 멀어지게 된다.

산후도우미와 함께하는 시간은 단지 도움을 받는 기간이 아니라, 아빠가 직접 육아를 배울 수 있는 실전 기회다. 그 시간을 어떻게 활용하느냐에 따라 육아의 출발선이 달라진다. 우리 집 환경에 맞춰, 우리가 사용하는 육아용품으로, 우리 아이에게 맞는 방법을 바로 눈앞에서 배울 수 있다는 점에서 그 시간은 더욱 소중하다. 처음엔 그저 지켜보는 것부터 시작해도 좋다. 기저귀를 어떻게 가는지, 아이를 어떻게 안고 목욕시키는지 보는 것만으로도 충분한 첫걸음이다. 그리고 한번 해보면 서툴고, 두 번 하면 익숙해지며, 세 번째부터는 자연스러워진다.

아빠는 곁에서 보기만 해서는 육아를 익힐 수 없다. 실전에서 경험하고, 몸으로 익혀야 한다. 육아는 엄마만의 몫이 아니다. 엄마도 초보다. 아빠도 같은 출발선에 서 있으며, 함께 배워야만 함께할 수 있다.

아빠가 육아에서 한발 물러서면, 결국 그 자리는 엄마 혼자의 몫이 된다. 그리고 그것이 반복되면, 육아는 '엄마의 일'이 되어버린다. 잊지 말아야 할 건, 지금이 바로 함께 배울 수 있는 가장 좋은 시기라는 점이다. 산후도우미는 단지 산모를 돕는 사람이 아니라, 아빠가 육아를 배우는 '첫 선생님'이 될 수 있다.

> **육아에 바로 써먹는 한-줄 가이드**
> 서툰 둘이 만났다면, 잘하려고 애쓰기보다 '같이 배우자'는 태도로 시작하자.

신생아 3대 케어
먹이고, 갈아주고, 씻기고

신생아 돌봄의 기본

운동을 처음 시작하면 기본부터 배운다. 벤치프레스, 스쿼트, 데드리프트. 체력을 키우고 몸을 만드는 데 가장 중요한 3가지 동작이다. 많은 운동이 있지만, 이 기본을 먼저 익혀야 다른 동작도 수월해진다. 근력이 쌓이고, 몸의 움직임이 익숙해지면서 자연스럽게 운동이 생활의 일부가 된다.

신생아 육아도 마찬가지다. 아기를 돌보는 일은 많다. 재우기, 놀아주기, 외출하기, 감정을 살피는 것까지 해야 할 일이 끝이 없다. 하지만 그 모든 일의 기초가 되는 돌봄이 있다. 먹이고, (기저귀) 갈아주고, 씻기는 것이다. 이 세 가지만 제대로 익히면 신생아 육아의 절반은 해결된다. 산후도우미에게도 배우고, 아내에게도 배웠지만 막상 혼자 하려고 하면 어떻게 안아야 하는지, 기저귀는 얼마나 자주 갈아야 하는지, 목욕은 어떻게 시켜야 하는지 막막하다. 하지만 매일 반복하다 보면 자연스럽게 익숙해진다. 아이가 배고파하는 모습을 보면 수유할 시간이 된 걸 알게 되고, 기저귀를 갈며 작은 변화를 눈치챌 수 있다.

운동에서 기본을 제대로 익히면 점점 더 무거운 무게를 들 수 있듯, 신생아 보살피기도 점차 수월해진다. 처음에는 어렵지만 반복하면 자연스럽게 익숙해진다. 신생아는 하루 종일 먹고, 자고, 기저귀를 사용한다. 이 루틴은 하루에도 수십 번 반복된다. 수유는 낮과 밤 구분 없이 이어지고, 배변 후에는 즉시 기저귀를 갈아야 한다. 신생아는 하루 10번 이상 기저귀를 사용하며, 몸에서 분비물이 많이 나오기 때문에 매일 목욕을 해야 한다.

이 과정은 아이가 자라는 내내 계속된다. 수유가 이유식으로, 젖병이 컵으로 바뀌어도, 먹이고 씻기고 기저귀를 가는 일은 변하지 않는다. 신생아 때부터 익숙해지지 않으면, 시간이 지나면서 점점 더 어렵게 느껴진다. 처음부터 아빠가 이 돌봄에 참여하면, 아이의 변화에 더 자연스럽게 적응할 수 있고, 육아 감각도 빠르게 길러진다.

특히, 이 시기는 아빠에게도 가장 중요한 때다. 아이가 태어난 직후에는 아빠도 육아에 대한 의욕이 가장 높다. 아이와의 애착이 형성되기 전이기에 더욱 적극적으로 참여해야 한다. 시작부터 먹이고, 씻기고, 갈아주는 일을 익히면 육아가 부담이 아니라 자연스러운 일이 되고, 아빠로서의 자신감도 커진다. 아빠가 신생아 돌봄에 익숙해지지 않으면 육아에서 점점 멀어질 수 있다. 이때 익힌 경험이 아이가 자랄수록 아빠를 더 자연스럽게 받아들이게 하는 기반이 된다.

아빠 육아의 첫 기본기

1. 수유

신생아는 하루 8회에서 12회 정도 수유를 한다. 모유 수유, 혼합 수유, 분유 수유 등 방식은 다르지만, 아빠도 이 과정에 얼마든지 주체적으로 참여할 수 있다. 분유를 먹일 때는 적정한 농도와 온도를 정확히 맞추는 방법부터 익혀야 한다. 물을 100도까지 끓인 후, 약 70도까지 식힌다. 물의 온도는 분유의 소화 흡수에 영향을 주기 때문에, 체온과 비슷한 37도 정도가 적당하다. 너무 뜨거우면 아이의 입안이 데일 수 있고, 너무 차가우면 분유가 잘 녹지 않아 위에 부담을 줄 수 있다.

따라서 분유를 타기 전, 손등에 몇 방울을 떨어뜨려 '뜨겁지도, 미지근하지도 않은' 느낌인지 확인하면 좋다. 피부에 닿았을 때 온도의 감각이 거의 느껴지지 않는 상태가 적절한 온도라는 신호다.

이렇게 하면 아기에게 가장 안전하고 편안한 온도로 분유를 준비할 수 있다. 병 소독과 보관은 아기의 건강을 지키는 기본 중의 기본이다. 사용한 젖병은 분유 찌꺼기나 침이 남지 않도록 먼저 전용 세정제로 깨끗이 세척한 뒤, 반드시 소독 과정을 거쳐야 한다.

소독 방법에는 끓는 물에 담그는 열탕 소독, 전자레인지 전용 소독기를 활용하는 전자레인지 소독, 전용 기계를 사용하는 스팀 소독기 등이 있다. 소독 후에는 반드시 물기를 완전히 제거해야 한다. 소독 후에는 깨끗한 밀폐 용기나 전용 보관함에 보관하고, 사용 전 다시 한 번 상태를 확인하는 습관이 필요하다. 젖꼭지에 변색이나 찢어진 흔적이 있다면 즉시 교체해야 한다. 아기의 입으로 들어가는 모든 도구는 철저한 위생 관리가 전제되어야 한다. 수유 후에는 아기의 등을 토닥이며 트림을 시켜야 한다. 트림이 제대로 되지 않으면 속이 불편해 토하거나 보챌 수 있기 때문에 반드시 챙겨야 할 단계다. 수유 후 바로 눕히지 않고 잠시 안고 있는 것도 도움이 된다.

수유 시각이나 양을 기록하거나 수유 앱을 통해 관리하면 아기의 패턴을 파악하기 수월해진다. 수유에 꾸준히 참여하면 아기의 울음소리나 몸짓에도 익숙해지고, 어떤 필요를 알리는 신호인지 더 빠르게 알아차릴 수 있게 된다. 분유를 타고, 트림을 시키고, 아이의 표정을 살피는 반복 속에서 아빠와 아이는 자연스럽게 가까워진다.

2. 기저귀 갈기

기저귀 갈기는 아빠가 육아에 참여하기 가장 좋은 시작점이다. 신생아는 배변 활동이 매우 잦기 때문에 하루에도 10번 이상 기저귀를 갈아줘야 한다. 처음엔 어떻게 해야 할지 막막하지만, 반복할수록 손이 먼저 움직이기 시작한다. 무엇보다 중요한 것은 아이의 피부를 자극하지 않도록 부드럽게 닦고 완전히 말린 후 새 기저귀를 채우는 것이다. 피부가 연약한 신생아는 오랫동안 기저귀를 착용하면 발진이 생기기 쉽다. 수유 전, 배변 직후, 잠에서 깬 직후는 기저귀를 갈기에 좋은 시간이다. 이 과정을 반복하다 보면 아이의 표정이나 몸짓만 보고도 갈아야 할 타이밍을 알 수 있다.

작은 습관이 쌓이면 아빠는 점점 더 자연스럽게 아이를 돌보게 되고, 아이도 아빠의 손에 익숙해진다. 아이의 피부를 살피며 변화에 민감해지고, 깨끗하고 편안하게 돌보는 경험을 통해 돌봄의 감각을 익히게 된다.

3. 목욕

아이가 태어난 후 첫 몇 주, 엄마는 여전히 회복 중이다. 특히 목욕처럼 손과 허리를 써야 하는 돌봄에는 아빠의 손길이 꼭 필요하다. 이 시기의 목욕은 단순히 청결을 위한 시간이 아니다. 아이의 몸을 직접 씻기며 상태를 확인할 수 있고, 아이 역시 따뜻한 손길을 통해 안정감을 느낄 수 있다. 아기는 하루 대부분을 누워 보내기 때문에 땀, 침, 분유 찌꺼기, 기저귀 사용 등으로 인해 피부가 자극받기 쉽다. 그만큼 매일의 목욕은 아이의 위생과 편안함을 지키는 데 중요한 역할을 한다.

목욕 전에 필요한 물건들을 미리 준비해 두면 한결 수월하다. 수건, 기저귀, 갈아입힐 옷, 보습제 등 모든 준비물을 손 닿는 곳에 두는 것이 좋다. 방 온도는 따뜻하게 맞추고, 물의 온도는 37~38도 정도로 유지한다. 손으로 직접 확인하는 것이 가장 안전하다.

목욕의 순서는 일정하게 유지하는 것이 좋다. 얼굴부터 닦고, 머리를 감기고, 몸을 씻긴 뒤 마지막으로 기저귀 부위를 닦아준다. 목욕이 끝난 뒤에는 물기를 닦고 보습제를 발라주고, 따뜻한 옷을 입히면 된다. 이 모든 과정에서 아기의 피부 상태를 관찰하고 작은 변화도 눈에 들어오게 된다.

처음에는 긴장되고 손이 서툴 수 있다. 하지만 하루하루 같은 과정을 반복하면서 손의 힘 조절, 아기의 반응, 피부 상태에 대한 감각이 자연스럽게 익는다. 일정한 시간에 목욕하면 수면 패턴에도 도움이 되고, 아이에게는 신호처럼 느껴진다.

처음에는 모든 것이 낯설다. 기저귀를 갈 때는 손이 어색하고, 트림을 시킬 때도 방법이 맞는지 자신이 없다. 목욕할 때면 긴장되고, 아이가 울면 당황하게 된다. 하지만 하루하루 같은 과정을 반복하면서 몸이 먼저 반응하는 순간이 온다.

아빠가 아이를 돌보면서 배우는 과정이다. 손이 익숙해지고 아이의 반응에도 자연스럽게 반응하게 된다. 작은 몸을 감싸는 법, 편하게 안는 법, 배고픈 울음과 졸린 울음을 구분하는 법도 자연스럽게 익힌다.

처음부터 능숙한 아빠는 없다. 하지만 매일 아이와 함께하며 쌓아가는 경험이 결국 가장 좋은 아빠를 만든다. 한 걸음씩 나아가는 것만으로도 충분하다.

> **육아에 바로 써먹는 한-줄 가이드**
>
> 육아는 손이 먼저 기억해야 한다.
> 기저귀 갈고, 목욕시키는 단순 반복부터 '내 몸'으로 익혀라.

100일의 기적은 온다
기다릴 수만은 없다

둘만 남았다, 진짜 육아의 시작

산후 도우미가 있던 동안은 그래도 덜 막막했다. 도움을 받을 수 있었고, 아내도 출산 후 몸을 회복할 시간이 있었다. 하지만 이제는 부모 둘만 남았다. 이제부터는 온전히 둘만의 육아가 시작된다. 도와줄 사람이 없다. 아기가 울면 직접 달래야 하고, 기저귀를 가는 것도, 수유하는 것도 스스로 해야 한다. 하루 종일 아기와 씨름하면서 집안일과 요리까지 해결해야 한다.

낮에는 엄마 혼자 아기를 돌봐야 하고, 밤에는 둘이서 함께해야 한다. 그런데 아내는 이제 막 홀몸이 된 사람이다. 출산한 지 한 달밖에 지나지 않았다. 한 달 전까지만 해도 아기를 품고 있었고, 몸은 임신한 상태에 익숙해져 있었다. 열 달 동안 몸이 변하고 적응했던 것처럼, 이제는 아기를 낳고 다시 원래대로 돌아가야 하는데, 그 과정은 생각보다 훨씬 오래 걸린다. 아내는 하루 종일 아기를 안고 수유하고 재우기를 반복해야 한다. 이제는 하루 24시간 동안 아이를 돌봐야 하는 상황이다. 배에 힘을 주는 것도 조심스러운데, 수유 자세를 잡느라 구부정한 자세를 유지해야 한다. 밤중 수유에 맞춰 다시 깨야 하고, 짧게 자고 일어나 하루를 또 반복해야 한다.

아빠도 마찬가지로 막막하다. 아기를 안는 일도 조심스럽고, 기저귀를 갈 때마다 손이 어색하다. 수유 후 트림을 시키는 것도 제대로 하고 있는지 자신이 없다. 아기가 울면 무조건 배고픈 건지, 졸린 건지도 헷갈린다. 낮에는 아내가 혼자 감당해야 하고, 밤에는 둘이서 함께 버텨야 한다. 그리고 이 시간이 약 100일 동안 계속된다. 100일이 지나면 아기의 변화가 시작된다고들 하지만, 그전까지는 부모가 낯선 일들을 매일 반복해야 한다. 출산 후 가장 힘든 시기라고 불리는 이유가 여기에 있다.

100일의 기적을 기다릴 수만은 없다

100일이라는 시간을 기점으로 아기는 변하기 시작한다. 수유 텀이 길어지고, 기저귀를 가는 횟수가 줄어든다. 밤잠을 자는 시간이 늘어나면서, 부모도 조금씩 여유가 생긴다.

이 시기를 '100일의 기적'이라고 부른다. 그동안 누적된 피로가 서서히 가라앉고, 육아에도 점차 익숙해지는 시점이 온다. 하지만 통잠을 자기 전까지 현실을 받아들이고 그저 기다리기만 할 수는 없다.

출산 후 첫 100일 동안 가장 힘든 것은 밤중 수유다. 아기는 2~3시간마다 한 번씩 깨어 우유를 먹어야 한다. 그때마다 부모도 함께 깨야 한다. 대부분 처음에는 부부가 함께 밤을 새운다. 아기가 울면 둘 다 깨어 수유하고, 기저귀를 갈아준다. 이 방법은 지속하기 어렵다. 둘 다 지치고, 낮에도 피로가 풀리지 않는다. 세쌍둥이 신생아 시절, 수유 텀이 각기 달라 새벽 내내 깨어 있는 날이 많았다. 한 명을 재우면 다른 한 명이 깨고, 또 다른 아이가 배고파하며 운다. 아내와 나는 밤을 꼬박 새운 채 아침을 맞이하곤 했다. 밤마다 반복되는 수유와 돌봄이 이어지는 상황에서는, 부모가 체력을 분산해 관리할 수 있는 구체적인 분담 방식이 필요하다. 효과적인 방법의 하나는 밤을 나누어 교대로 아기를 돌보는 것이다. 군대에서 불침번을 서듯, 일정 시간 동안 한 명은 푹 자고, 다른 한 명은 아기를 돌본다. 예를 들면 다음과 같다.

- 10PM~2AM: 아빠 또는 엄마 한 명이 아기를 돌본다. 모유 수유를 하는 경우 유축한 모유를 준비해서 먹이거나, 분유 수유를 하는 경우 먹는 양에 맞춰 수유한다.
- 2AM~6AM: 다른 한 명이 담당한다.

이렇게 하면 누구라도 4시간은 연속으로 잘 수 있다. 하루 종일 피곤한 상태에서 버티는 것이 아니라, 체력을 나누어 관리할 수 있다. 작은 분담이지만, 이것만으로도 피로가 줄어든다.

할 수 있는 다른 시도

밤시간을 나눠 돌보는 것만으로는 부족한 경우가 많다. 아내는 하루 종일, 주중 내내 아이 곁을 지키고 있기 때문이다. 아빠가 할 수 있는 또 다른 시도는 '주말 전담 육아'다. 이는 육체적인 분담을 넘어 아내의 정서 회복에도 직접적인 도움이 된다. 아이가 태어난 후, 병원과 조리원에서의 시간을 제외하면 아내는 대부분의 시간을 집 안에서 보낸다. 외출이 줄고, 대화 상대도 제한되며, 하루 대부분을 아기와 단둘이 보내게 된다. 이런 환경은 신체적인 피로뿐 아니라 정서적인 외로움과 고립감을 더욱 크게 만든다.

출산 후 엄마들은 호르몬 변화, 수면 부족, 사회적 고립 등으로 인해 감정 기복을 심하게 느낄 수 있다. 실제로 보건복지부의 「2024 산후조리 실태조사」 결과, 출산 후 산후 우울감을 경험한 산모는 68.5%에 달했다. 또한 사회적 고립이 스트레스 호르몬 수치를 높이고 우울 증상을 심화할 가능성이 높다는 연구도 있다. 이 같은 조사 결과는, 엄마에게 단순한 휴식 이상의 돌봄과 정서적 지지가 필요하다는 사실을 보여준다. 밤시간을 나눠 돌보거나 주말 전담을 실천하는 등 아빠의 적극적인 참여가 누적되면, 어느 순간부터 육아의 흐름이 눈에 들어오기 시작한다. 아기의 수유 패턴이 눈에 들어오고, 울음에 반응하는 법도 조금씩 익숙해진다.

기저귀를 갈거나 분유를 타는 일이 더는 특별한 일이 아니다. 손이 먼저 움직이고, 아기의 신호에 자연스럽게 반응하게 된다. 엄마와의 협업도 매끄러워진다. 서로의 역할이 분명해지고, 작은 대화만으로도 하루의 육아를 나눌 수 있게 된다.

이런 흐름은 어느 날 갑자기 생기는 것이 아니다. 불안하고 서툰 날들을 하나씩 지나오며 생기는 결과다. 오늘의 작은 시도가 내일을 덜 힘들게 만들고, 결국 100일쯤 지나면 부모인 자신도 이전과는 달라져 있음을 실감하게 된다.

> 육아에 바로 써먹는 **한-줄 가이드**
>
> 밤과 주말을 아빠가 채워야, 100일의 기적이 현실이 된다.

퇴근 후 육아, 패턴이 답이다
신생아의 생활 리듬을 알면 육아가 달라진다

퇴근 후 시작되는 또 다른 하루

"그럼 전 이만, 육아 출근하겠습니다." 퇴근하며 동료들에게 건네는 인사말이다. 가볍게 넘기는 사람도 있지만, 이 말이 단순한 농담이 아니라는 걸 아는 동료들도 있다. 퇴근하면 하루가 끝날 것 같지만, 집에 들어서는 순간 또 다른 하루가 시작된다. 신생아를 키우는 집이라면 더욱 그렇다.

아이가 있는 집은 이전과는 완전히 다른 환경이 펼쳐진다. 거실에는 아기용품이 가득하고, 희미하게 기저귀 냄새와 분유 냄새가 남아 있다. 싱크대에는 젖병이 쌓여 있고, 기저귀가 가득 찬 쓰레기통이 눈에 띈다. 아내는 하루 종일 아기를 돌보느라 지쳐 있고, 아기는 언제 울지 모를 상태로 누워 있다. 잠들어 있어도 언제 깰지 알 수 없다. 퇴근 후 집에 도착한 아빠는 이런 상황에서 바로 역할을 바꿔야 한다. 일터에서는 직장인,

집에서는 부모. 이전까지의 삶과는 전혀 다른 루틴이 시작된다.

신생아 육아는 아직 익숙하지 않고 몸도 힘들지만, 아기의 하루는 비교적 단순하고 반복된다. 출생 후 일정 기간 아기의 패턴은 크게 변하지 않는다. 먹고, 놀고, 자고, 다시 깨서 먹는 것이 하루의 전부다. 하지만 처음 육아를 경험하는 아빠에게는 이 단순한 패턴조차 낯설다. 아이와 함께 있는 시간이 많지 않고, 아이에 대해 아는 것도 많지 않기 때문이다. 아기가 울면 이유부터 파악해야 하는데, 배가 고픈 것인지, 졸린 것인지, 기저귀가 불편한 것인지 헷갈릴 수밖에 없다. 무엇을 해야 할지 모르겠으면 육아는 더 막막하게 느껴진다. 하지만 기본적인 패턴을 이해하면 부담을 줄일 수 있다.

육아는 감으로 하는 것이 아니다. 신생아 시기에는 일정한 흐름이 있다. 먹고, 놀고, 자는 과정이 반복된다. 이 패턴을 이해하면 아기의 상태를 예측할 수 있다. 이를 '수유 텀' 또는 '신생아 생활 리듬'이라고 부른다. 분유 수유를 기준으로 먹이고, 놀고, 재우고, 다시 일어나는 시간을 일정하게 맞추는 것이 핵심이다. 패턴을 유지하면 아기도 안정감을 느끼고, 부모도 육아 부담을 줄일 수 있다. 육아의 기본 흐름을 익히면, 퇴근 후 아빠가 해야 할 일도 자연스럽게 보이기 시작한다.

해야 할 일을 알면 부담이 줄어든다

퇴근 후 집에 도착하면, 나와 세쌍둥이만 남는 시간이 자주 있었다. 그때 아내는 첫째를 어린이집에서 데리고 오며 함께 시간을 보내기 위해 외출하곤 했다. 처음에는 막막했다. 세 명의 아기를 동시에 돌봐야 했기 때문이다. 누가 먼저 배고파할지, 누가 먼저 잠들지 전혀 예측할 수 없었다. 한 명이 울면 나머지 두 명도 따라 울었고, 누구부터 달래야 할지 판단하기 어려운 순간이 반복됐다.

한번은 퇴근하고 집에 들어섰을 때, 세쌍둥이 중 한 명이 울고 있었다. 기저귀를 갈고, 안아서 토닥이고, 방을 어둡게 해 잠재우려 애썼지만, 울음은 쉽게 멈추지 않았다. 얼마 지나지 않아 다른 두 아이도 깨어 울기 시작했고, 세 명을 동시에 달래다 보니 점점 허둥대기만 했다. 누구 하나 제대로 돌보지 못한 채 시간이 흘렀고, 그제야 마지막 수유 시간이 한 시간이나 지나 있었다는 걸 깨달았다. 아이들은 배가 고팠던 건데, 나는 계속 다른 이유를 찾고 있었다.

첫째를 키울 때도 수유 텀을 기억하는 게 얼마나 중요한지 느낀 적이 있지만, 한 명이 아니라 세 명을 동시에 돌보다 보니 누가 언제 먹었는지를 놓치는 일이 자주 생겼다. 하루 종일 아이들과 함께한 아내는 자연스럽게 수유 간격과 잠드는 시간을 익혔지만, 나는 퇴근 후 바로 육아에 참여하며 그 흐름을 따라잡기가 쉽지 않았다.

수유 텀을 놓치지 않기 위해 가장 도움이 됐던 것이 바로 '수유 일지'이다. 수유 일지는 육아의 업무 인수인계서와 같다. 하루 동안 아기가 언제 먹었고, 언제 잤는지 기록해 두면, 내가 퇴근하고 돌아왔을 때 무엇을 해야 할지 바로 알 수 있다. 회사에서도 인수인계를 받으면 업무를 바로 이어갈 수 있듯이, 수유 일지를 보면 아이의 하루 흐름을 파악하고 바로 대응할 수 있다. 세 아기가 언제 먹고, 언제 잤는지를 확인하면, 다음 수유 시간이 언제인지, 잠들 시간이 가까운지를 확인할 수 있다. 배고픈 시간과 졸릴 시간을 예상하면서 아이를 돌보니 당황할 일이 줄어든다. 아이가 울면 무조건 안아주기보다는 먼저 수유 시간을 확인하자. 배고픈 시간이 아니라면 기저귀 상태를 보고, 그래도 울면 졸린 게 아닌지 생각해 보면 된다. 단순히 아이를 달래기보다, 생활 리듬을 먼저 파악하는 것이 더 중요하다. 참고로, '삐요로그', '베이비타임' 같은 수유 기록 앱을 활용하면 더 편리하게 관리할 수 있다.

신생아의 생활 리듬은 일정하게 반복된다. 하지만 부모가 흐름을 모르면 매 순간이 예측 불가능한 시간이 된다. 그날의 수유 텀과 낮잠 시간을 알고 있으면 아기의 요구를 미리 파악할 수 있다. 세쌍둥이를 돌보며 수유 일지를 활용한 경험은 신생아의 생활 리듬을 이해하는 것이 얼마나 중요한지를 깨닫게 해줬다.

집에 도착하기 전, 아기의 하루 흐름을 미리 점검할 수 있다. 아내에게 물어보지 않아도, 육아 앱을 활용하면 확인할 수 있다. 마지막 수유 시간, 기저귀 교체 여부, 오늘 낮잠을 얼마나 잤는지 확인하는 것만으로도 퇴근 후의 육아가 달라진다. 집에 들어서기 전 아이의 컨디션을 미리 알면, 내가 가장 먼저 해야 할 일이 무엇인지 명확해진다. 분유를 준비할지, 기저귀를 갈지, 잠들 환경을 만들지 순서를 정한 채 바로 움직일 수 있다.

신생아의 생활 리듬을 이해하면, 육아가 예측 가능해지고 부담이 줄어든다. 부모가 신생아의 패턴을 알고 대응하면, 아기도 더 편안해진다. 육아를 막연하게 받아들이지 말고, 생활 리듬을 이해하는 것부터 시작하면 된다. 퇴근 후 아빠가 해야 할 일을 명확히 인식하면 육아가 부담스럽지 않다. 신생아의 생활 리듬을 파악하고 패턴을 기록하면 육아가 예측 가능해진다. 육아 출근도 준비된 상태에서 시작해 보자.

> **육아에 바로 써먹는 한-줄 가이드**
> 오늘 하루 아이의 수면, 수유, 기분을 기록해 보자.
> 그게 육아의 흐름을 잡는 시작이다.

완벽보다 일관성이 중요하다
육아의 변수는 아빠다

아빠의 방식이 변수가 되는 이유

아빠가 육아에 적극적으로 참여하는 것은 매우 중요하다. 아이와의 애착을 형성할 수 있는 기회이자, 엄마의 신체적 부담을 줄여주는 실질적인 도움이 되기 때문이다. 하지만 퇴근 후 짧은 시간 동안 아빠가 갑자기 등장해 자신만의 방식으로 아이를 돌보려 하면, 오히려 혼란을 줄 수 있다. 신생아는 하루 대부분을 일정한 패턴 속에서 보낸다. 먹고, 자고, 깨는 기본적인 사이클이 반복되며, 이 규칙성이 깨질 때 아이는 불안해지기 쉽다. 엄마가 하루 종일 아이와 함께하며 만든 흐름이 유지될 때, 아이는 그 속에서 안정감을 느낀다. 즉, 아빠의 참여가 아이에게 도움이 되려면 '새로운 방식'보다 '지금의 흐름을 이어받는 태도'가 더 중요하다.

하루 8번 수유한다고 가정하면, 아빠가 퇴근 후 아이를 돌보는 시간은 밤중 수유를 포함해도 세 번뿐이다. 이 짧은 시간 동안 수유 방법을 바꾸거나, 재우는 방식을 다르게 하면 아이는 혼란스러워진다. 엄마는 아이가 편안함을 느낄 수 있도록, 수유하는 순서나 자세, 수유 후 트림시키는 방식까지 대부분 일정하게 유지한다. 그런데 아빠가 퇴근 후 다르게 행동하면 아이는 변화를 감지한다.

아빠가 함께하는 시간이 짧기 때문에, 평소의 돌봄 방식을 가능한 한 그대로 따라가는 것이 중요하다. 아이는 아주 작은 변화에도 민감하게 반응한다. 수유할 때 평소와 다른 팔로 안거나, 젖병 각도가 조금만 달라도 젖병을 거부할 수 있다. 평소보다 조금 더 오래 안고 있거나 트림을 충분히 시키지 않으면, 속이 불편해져 보채는 일이 생긴다. 잠자는 방식도 마찬가지다. 안던 팔이 바뀌거나 눕히는 타이밍이 달라지면 금세 깨버리기도 한다. 이런 작은 변화들이 반복되면, 아이의 수면 주기나 먹는 패턴까지 흐트러질 수 있다.

아이에게는 하루 동안 익숙해진 방식이 있다. 엄마는 같은 방법으로 수유하고, 재우고, 잠들기 전까지의 환경을 일정하게 유지한다. 하지만 아빠가 퇴근 후 나름의 방식으로 육아를 하면 아이의 반응이 달라진다. 아빠가 육아에 참여할 때 가장 흔한 실수는 아이의 리듬보다 자신의 판단을 앞세우는 것이다. 수유 시간이 아닌데 운다고 분유를 물리거나, 분유를 잘 먹지 않는다고 중간에 트림을 시키고 다시 먹이려는 경우다.

신생아는 일정한 생활 리듬을 통해 안정감을 느낀다. 예정된 수유 시간이 아닌데 우는 아기를 달래기 위해 분유를 물리면, 아기의 소화 리듬이 깨지고 과식으로 이어질 수 있다. 이는 위장에 부담을 주고, 수면 패턴에도 영향을 미칠 수 있다. 또한, 분유를 잘 먹지 않는다고 중간에 트림을 시키고 다시 먹이는 행위는 아기의 수유 흐름을 방해할 수 있다. 아기는 먹는 도중에 중단되면 혼란을 느끼고, 이는 수유 거부로 이어질 수 있다. 따라서 아기의 신호를 정확히 파악하고, 일정한 수유 패턴을 유지하는 것이 중요하다. 육아에서 아빠의 역할은 새로운 방식을 찾는 것이 아니라, 아이가 예측 가능한 일상을 경험하게 하는 것이다.

아빠가 변수를 만들면 왜 안 되는가?

신생아는 예측할 수 있는 환경에서 안정감을 느낀다. 반복적인 패턴이 유지될 때, 아이는 심리적으로 안전하다고 느끼고 신체적으로도 더 편안해진다. 신생아의 뇌는 빠르게 발달하며, 하루 동안의 경험을 저장하고 학습한다. 이 과정에서 일관된 수유 방식과 수면 환경이 유지될 때 신경 발달이 안정적으로 이루어진다. 하지만 같은 활동이라도 방식이 자주 바뀌면 아기는 쉽게 혼란을 느낀다. 예를 들어, 낮에는 아기의 컨디션을 보며 천천히 수유하고 충분히 안은 뒤 눕혔다면, 저녁에는 시간이 없다는 이유로 급하게 먹이고 바로 눕히는 방식으로 바뀔 수 있다. 또, 낮에는 수유 직후 바로 눕히지 않고 안아주다가 트림을 시키지만, 저녁에는 서둘러 눕히는 식으로 달라지면 아기의 속이 불편해져 울음을 터뜨릴 수 있다.

　신생아는 습관을 통해 환경을 예측하면서 편안함을 느낀다. 같은 시간대에 같은 방식으로 수유하면 소화 과정도 일정해지고, 수면 패턴도 안정된다. 그러나 변화가 많아지면 신경계가 불안정해지고, 아이가 더 자주 깨고 보채게 된다. 아빠가 돌보는 짧다면, 변수를 최소화하는 것이 중요하다. 작은 변화가 아이에게 큰 영향을 줄 수 있기 때문이다.

　육아의 안정된 흐름을 유지하려면, 아빠는 엄마의 기존 방식을 그대로 따라가는 것이 가장 좋다. 수유 시간과 방법을 지키고, 재우는 환경을 동일하게 유지하면 아이는 변화를 느끼지 않는다.

　퇴근 후 처음 아이를 돌본다면, 우선 엄마가 하는 방식을 그대로 따라 해보는 것이 필요하다. 아이를 어떻게 안고 수유하는지, 트림은 어떻게 시키는지, 기저귀는 언제 갈아주는지, 잠들기 전 어떤 환경을 조성하는지를 관찰하는 것이 중요하다. 같은 방법을 반복하면 아빠와 함께하는 시간에도 아이가 편안함을 느낀다.

　밤중 수유 후 아이가 쉽게 잠들지 못하는 이유는, 낮과 다른 방식으로 돌보는 경우가 많기 때문이다. 수유 후 바로 눕히지 않고, 엄마가 하던 방식대로 트림을 시키고, 몸을 충분히 안정시킨 후 눕히면 수면 패턴이 크게 흔들리지 않는다. 육아에서 아빠가 해야 할 것은 새로운 방법을 찾는 것이 아니다. 기존의 방식을 익히고, 그대로 실천하는 것이 더 중요하다. 이렇게 변수를 만들지 않고 일관된 패턴을 유지해 주는 것이야말로 아이가 습관을 익히고, 육아를 훨씬 수월하게 만드는 가장 현실적인 방법이다.

> 육아에 바로 써먹는
> **한 - 줄 가이드**
>
> 아빠가 아이의 리듬을 흔들지 마라.
> 익숙한 방식 그대로 반응해 주는 것이 가장 큰 도움이 된다.

익숙해지면 또 달라진다
변화의 흐름을 놓치면 육아가 멀어진다

방금 익숙해진 것도 곧 달라진다

갓 태어난 신생아는 하루 대부분을 잠으로 보낸다. 두세 시간마다 깨서 수유를 하고, 다시 잠든다. 이 패턴이 당분간 유지될 것처럼 보이지만, 실제로는 빠르게 바뀐다. 밤잠이 점점 길어지고, 낮잠은 하루 네 번에서 세 번, 두 번으로 줄어든다. 이제 수면이 자리를 잡나 싶을 즈음, 낮잠 시간이 들쑥날쑥해지고, 잠드는 데 오래 걸리는 날이 생긴다. 자다 깨어 보채는 일도 잦아진다.

수유도 마찬가지다. 하루 여덟 번 하던 분유 수유는 여섯 번, 네 번으로 줄어들고 간격은 길어진다. 그러다 이유식을 시작하면 다시 전환이 필요하다. 이유식 세 번에 맞춰 분유량을 조절해야 하는데, 며칠 지나지 않아 입에 넣어주면 뱉고, 숟가락을 밀치는 일이 반복된다. 먹는 시간도, 양도, 기호도 계속 달라진다.

아이의 생활 리듬은 매번 새롭게 짜인다. 방금 익숙해졌다고 생각한 수면과 수유 패턴이 금세 달라진다. 어제 통했던 방법이 오늘은 통하지 않고, 오늘 성공한 방식이 내일은 실패한다. 아이는 멈추지 않고 자란다. 그리고 그 성장에 맞춰 부모는 새로운 패턴을 익힌다.

아이의 변화, 아빠는 뒤따라간다

아이는 매일 달라진다. 하루하루가 반복되는 것 같지만, 그 안에서는 조금씩 새로운 변화가 쌓인다. 처음엔 두세 시간마다 울며 분유를 찾던 아이가 어느새 수유 간격이 넓어지고, 먹는 횟수는 줄어든 대신 한 번에 먹는 양이 많아진다. 밤잠이 길어지고, 낮잠 주기는 점점 줄어든다. 처음에는 네 번이던 낮잠이 어느새 두 번으로 바뀐다. 엄마는 아이와 하루 종일 함께하며 이 변화를 자연스럽게 관찰한다. 하지만 아빠는 다르다. 낮 동안 집을 비우고 퇴근 후에야 아이를 만난다. 간혹 주말에 시간을 보내더라도, 아이가 어떤 리듬으로 생활하고 있는지 세세하게 따라가기 어렵다. 그 사이, 아이는 또 다른 주기로 접어들고, 아빠는 그 변화를 놓친 채 어제와 같은 방식으로 돌보려 한다.

어제는 잘 먹던 분유를 오늘은 뱉고, 금세 잠들던 아이가 오늘은 한참을 울다가 겨우 눈을 감는다. 수유 시간이 바뀌었는지, 낮잠 주기가 달라졌는지도 모른 채 아이를 안고 있으면 혼란스럽고, '왜 이렇게 달라졌지?', '내가 뭘 잘못하고 있는 건가?'라는 생각이 들기 시작한다.

기저귀 갈이도 마찬가지다. 처음에는 작은 몸을 조심스레 들며 어설프게 기저귀를 갈지만, 시간이 지나면 손에 익고 속도도 붙는다. 그런데 아이가 뒤집기를 시작하면서 상황이 달라진다. 눕히는 순간 몸을 비틀며 도망치려 해 기저귀를 갈기 점점 어려워진다. 그럴 때 대부분 '내가 아직 서툴러서 그렇다'고만 생각하지, 아이에게 맞게 기저귀를 바꾸어야 한다는 생각은 잘 떠올리지 못한다.

이처럼 아이가 자라며 돌보는 순서와 방법은 계속 바뀐다. 오늘의 방식이 내일도 통하지 않을 수 있다. 아빠는 그 변화를 하루 단위로 따라잡기 어렵지만, 그 사실을 인지하고 아이의 흐름에 맞추려는 태도가 필요하다.

변화를 놓치면 멀어진다

변화를 받아들이지 못하면 육아가 어렵다고 느껴지기 시작하고, 점점 자신감이 줄어든다. 그러다 보면 자연스럽게 육아에서 멀어지게 되고, '엄마가 더 잘 아니까.' 하면서 뒤로 물러난다. 그렇게 물러서면 아빠는 아이에 대해 더 알 수 없게 되고 아이의 변화는 계속되는데, 그 흐름을 놓치게 된다. 자연스레 육아는 다시 '엄마 몫'이 된다.

아빠는 아이의 변화를 따라가야 한다. 꽤 일정한 패턴처럼 보이지만, 아이는 자라는 만큼 돌봄의 방식도 계속 달라진다. 이전과 다르게 반응하는 모습이 있다면, 그것은 단순한 기분 차이가 아니라 성장의 신호일 수 있다. 그래서 중요한 건 매일의 변화를 좇기보다는, 아이의 성장 흐름에 맞춰 돌봄을 조율하는 태도다. 변화를 예측하기는 어렵다. 하지만 '아, 이제 이 시기가 왔구나.'라고 받아들이며 흐름에 올라탈 수 있다면 한결 수월해진다. 작은 단서를 놓치지 않으려면 아이를 꾸준히 관찰해야 한다. 어제와 오늘의 다름을 느낄 수 있어야, 다음 변화를 준비할 수 있다.

육아서에 나오는 발달표나 시기별 가이드는 성장 흐름을 이해하는 데 도움이 된다. 그러나 실제 아이의 발달은 그보다 빠르거나 느릴 수 있고, 같은 시기에도 반응은 모두 다르다. 세쌍둥이를 키우며 그 차이를 매일 경험한다. 같은 날 태어나, 같은 공간에서 같은 시간표로 먹이고 재우고 놀아줘도 한 아이는 일찍 뒤집고, 다른 아이는 배밀이보다 손가락 빠는 데 집중한다. 각자만의 변화 속도가 있다. 같은 부모, 같은 환경, 같은 시간 안에서도 말이다. 이처럼 표준은 참고용일 뿐, 절대적인 기준이 되지는 않는다. 결국 아빠가 해야 할 일은 '지금 내 아이가 어떤 성장 흐름 속에 있는가'를 살피고, 그 흐름에 자연스럽게 반응하는 것이다.

육아는 지식을 쌓아서 하는 것이 아니다. 직접 부딪히고, 함께 시간을 보내면서 배우는 것이다. 아빠가 변화하는 아이를 꾸준히 지켜보고 함께할 때, 아이는 그런 과정을 통해 안정감을 느낀다. 변화는 피할 수 없다. 하지만 그 변화를 함께하면, 육아는 어렵기만 한 것이 아니라 아이의 성장을 느끼는 감동의 시간이 된다.

> **육아에 바로 써먹는 한-줄 가이드**
>
> 육아는 이론이 아닌 경험이다. 아이와 함께 부딪히며 길을 찾아야 한다.

아이 울음에 대응하는 방법
아~ 건강하다! 이 한마디의 힘

울음을 멈추게 할 수 없는 순간

육아를 하면서 가장 많이 듣게 되는 소리가 있다. 바로 아이의 울음소리다. 신생아는 하루 종일 운다. 배가 고파도 울고, 졸려도 울고, 기저귀가 젖어도 운다. 특별한 이유가 없어도 울 때가 많다. 아기가 울면 부모는 본능적으로 다가가 문제를 해결하려 한다. 하지만 어떤 때는 아무리 안아줘도, 먹여도, 재워도 울음을 멈추지 않는다.

이럴 때는 답답함이 몰려온다. 조용히 토닥이며 '괜찮아, 이제 자자.' 하고 달래보지만, 막 잠든 듯한 아이를 조심히 눕히는 순간 다시 울음이 터지는 일이 반복된다. 몇 번이고 같은 상황을 반복하다 보면 '언제까지 이래야 하지.', '내가 뭘 잘못하고 있는 걸까.'라는 생각이 든다. 짜증이 올라올 수도 있다. 하지만 그럴수록 생각을 다르게 해보면 좋다. 아이는 힘이 없으면 울 수도 없다. 아플 때는 오히려 힘없이 조용하다. 울면서 두 팔을 허우적대고 온몸으로 저항하는 모습은 오히려 건강한 신호다. 작은 몸에서 이렇게 큰 소리가 나는 것 자체가 놀라운 일이다. 그럴 때 이렇게 말해보자.

"아~ 우리 아들(딸) 건강하다!"

이 말 하나가 스스로에게 위로가 된다. 생각이 달라지면 표정도 바뀌고, 표정이 바뀌면 아이를 대하는 마음도 훨씬 부드러워진다. 아이의 울음이 다르게 들리기 시작한다. 아기는 피곤해서, 심심해서, 안기고 싶어서 울 수 있다. 정확한 이유를 알 수 없을 때도 많다. 하지만 분명한 건, 아이가 울고 있다는 건 나를 필요로 한다는 뜻이다. 그걸 받아들이면 마음이 훨씬 편해진다. 만약 아이가 둘 이상이라면 더 복잡하다. 세쌍둥이처럼 세 명이 동시에 울기도 한다. 누구를 먼저 안아야 할지 고민하게 된다. 그럴 때는 몸이 하나라 다 안아줄 수 없다는 걸 인정해야 한다. 조급해지기보다는 순서를 정해 차례로 안아주면 된다. 이때도 스스로에게 주문처럼 말해보자.

"아~ 우리 아이들 건강하다!"

이 말은 단순한 자기암시가 아니다. 마음을 다잡는 힘이 된다. 육아는 모든 걸 해결하려고 하면 끝도 없다. 아이를 바꾸려 하기보다, 내 생각을 바꾸는 것이 훨씬 빠르고 효과적이다. 울음을 멈추게 하는 것보다, 그 울음을 어떻게 받아들이느냐가 더 중요하다.

울음소리가 힘들게 들리는 이유

아이는 원래 운다. 신생아에게 울음은 유일한 의사 표현이다. 문제는 울음 자체가 아니라, 부모의 감정이다. 내가 지쳐 있을 때, 컨디션이 좋지 않을 때, 육아가 힘겹게 느껴질 때 아이의 울음소리는 훨씬 크게 들린다. 피곤하면 작은 소리도 더 크게 들리기 마련이다. 아이는 여전히 같은 방식으로 울고 있지만, 듣는 내가 힘드니까 짜증이 밀려오는 것이다. 문제는 아이가 우는 것이 아니다. 내가 울음을 어떻게 받아들이느냐가 더 중요하다. 아이의 울음을 멈추려 하기보다, 내 감정을 먼저 다스리는 것이 필요하다.

긍정심리학 연구에 따르면, 긍정적인 자기암시는 실제로 스트레스를 줄이고 마음을 안정시키는 효과가 있다. "짜증 나!"라고 말하면 실제로 짜증이 커지고, "괜찮아."라고 말하면 마음이 조금은 편안해진다.

"아~ 우리 아들 건강하다!"

이 말을 외치면 내 감정이 먼저 바뀐다. 짜증 나던 울음소리가 '우리 아이가 건강하게 잘 크고 있구나.'라는 신호로 바뀐다. 심리학에서는 이것을 기대 효과라고 한다. 긍정적인 말을 반복하면 뇌가 그 말을 사실로 받아들이고, 실제로 신체적·정신적 반응이 변한다. 긍정적인 주문을 외치는 것만으로도 육아 스트레스가 줄어들 수 있다는 뜻이다. 아이가 울음을 멈추지 않을 때, 긍정적인 주문을 외쳐보자. 처음에는 억지로라도 해보는 것이 좋다. 입 밖으로 내는 말이 달라지면, 마음가짐도 함께 달라진다.

육아는 체력과 멘탈 싸움

육아는 체력을 소모하는 일이 많다. 하지만 결국 버티는 힘은 멘탈에서 나온다. 잠을 충분히 자지 못하는 날도 많고, 아이를 돌보느라 내 시간을 갖지 못하는 날도 많다. 체력이 바닥날 때도 있다. 하지만 마음이 무너지면 육아는 훨씬 더 벅차게 느껴진다. 내가 힘들 때일수록, 아이의 울음소리는 더 크게 들린다. 이럴 때 필요한 것은 버틸 수 있는 긍정적인 마음가짐이다.

어떤 사람은 "육아는 '참을 인(忍)' 자 세 개를 가슴에 새기고 하는 것"이라고 말한다. 하지만 무조건 참는 것은 답이 아니다. 육아는 버티는 것이다. 버틸 힘을 기르기 위해서는 나만의 주문 하나쯤은 필요하다.

"아~ 우리 아들 건강하다!"
"아~ 우리 딸 건강하다!"

이 주문을 외치면 마음이 조금은 가벼워진다. 지금은 신생아 시기라서 울음이 유일한 소통 방법이다. 하지만 아이가 자라고 호기심이 많아지면 이 긍정의 주문이 더욱 필요한 순간이 많아진다. 떼를 쓰거나, 예상치 못한 행동을 할 때, 부모는 또다시 당황하고 힘들어진다. 그럴 때마다 이런 마법 주문 하나쯤 가지고 있으면 육아가 훨씬 수월해진다.

"아~ 우리 아들 건강하다!"라는 주문이 아이의 울음을 멈추게 하지는 못하더라도, 내 마음을 바꾸는 데는 충분한 효과가 있다. 육아는 끝없는 변화의 연속이다. 그 변화 속에서 나만의 긍정적인 주문을 찾고, 버틸 힘을 만드는 것, 그것이 좋은 부모로 성장하는 길이다.

> 육아에 바로 써먹는
> **한 – 줄 가이드**
>
> 버거운 순간이 오면, 아이를 돌보기 전
> '내 마음부터 챙기는 마법의 문장'을 만들어라.

아빠, 이런 생각하지 마세요

Q. 출산은 병원에서 끝나는 일 아닌가요? 아빠가 할 수 있는 게 있을까요?

A. 나도 처음엔 그렇게 생각했다. 출산은 병원에서 끝나는 일이고, 그 이후는 아내와 아이의 건강 상태만 신경 쓰면 끝인지 알았다. 그런데 막상 출산을 겪고 보니, 아빠가 해야 할 일은 생각보다 많다. 신생아 기본 검사 확인, 출생신고 서류 준비, 각종 지원금 신청까지 작은 일들이 연달아 이어졌다. 이 일들은 꼭 지금 하지 않아도 되는 것처럼 보이지만, 막상 닥치면 시간이 빠듯하고, 놓치기 쉽다. 그때그때 대응하려 하기보다, 미리 알고 준비하는 게 훨씬 편하고 정확하다. 출산은 끝이 아니라, 아빠 역할이 시작되는 순간이다.

아빠, 이렇게 하세요!

출산 당일 ~ 병원 입원 기간

- ☐ 출산 순간 기록하기 (사진 또는 영상으로 남기기)
- ☐ 양가 부모님께 출산 소식 전달
- ☐ 병원 수납 및 보험 적용 확인
- ☐ 출생증명서 수령 (출생신고용)
- ☐ 신생아 기본 검사 확인 (혈액형, 청력 등)
- ☐ BCG 예방접종 예약

- ☐ 산모 식사, 생수, 세면도구 등 기본 용품 준비
- ☐ 병동 동선, 신생아실 위치 파악 및 간호사와 소통
- ☐ 산모 회복 상태 수시 체크 및 정서적 지지

조리원 입소 전후

- ☐ 조리원 입소 일정 재확인 및 짐 정리
- ☐ 산후도우미 서비스 여부 확인 및 예약 진행
- ☐ 출생신고 진행 (주민센터 방문 또는 정부24 온라인 신청)
- ☐ 첫만남 이용권, 아동수당, 부모급여 등 각종 지원금 신청
- ☐ 자녀 건강보험 피부양자 등록
- ☐ 전기요금 감면 신청 (출산 가구 대상)
- ☐ 태아보험을 자녀 명의로 전환
- ☐ 자동차 보험 자녀 특약 등록 여부 확인
- ☐ 조리원 내 신생아 케어 교육 일정 숙지 및 참여
- ☐ 산모의 감정 변화에 공감하고 회복을 위한 환경 조성

조리원 퇴소 후

- ☐ 젖병, 침구 등 신생아 용품 전체 세척 및 정리
- ☐ 카시트 설치 및 차량 안전 점검
- ☐ 집 안 청소 및 신생아 공간 정돈
- ☐ 소아과 선정 및 예방접종(예: BCG, DPT 등) 일정 확인
- ☐ 어린이집 입소 대기 신청 (필요 시)
- ☐ 육아휴직 및 회사 복귀 일정 최종 점검
- ☐ 산모의 식사 준비, 수면 시간 확보를 위한 환경 조성
- ☐ 기저귀 갈기, 안기, 목욕 등 기본 돌봄 반복 연습

4장 돌 전, 아빠와 아이가 함께 자라는 시간

"실수를 두려워하지 마라.
우리에겐 스스로가 불완전하다는 것을
받아들일 용기가 필요하다."

– 알프레드 아들러

육아는 늘 새로워진다
성장에 맞춰 달라지는 육아의 방식

아이의 성장에 따라 바뀌는 육아

육아는 단순한 '돌봄'에서 점점 '함께하는 시간'으로 중심이 이동한다. 이 시간이 어떻게 흘러가느냐에 따라 아빠의 역할도 달라진다. 초반에는 수유하고, 기저귀 갈고, 재우는 루틴이 전부처럼 느껴질 수 있다. 이 루틴은 반복을 통해 점점 익숙해진다. 수유 간격이 일정해지고, 밤잠을 길게 자는 날이 늘어나면 육아가 조금은 수월해진 것처럼 느껴진다.

하지만 그 여유는 오래가지 않는다. 마치 이등병 시절과 비슷하다. 막 군대에 입대했을 땐 '일단 훈련소만 지나면 괜찮아지겠지!', '일병만 돼도 여유가 생기겠지!'라고 생각한다. 하지만 막상 그 시기가 오면 또 다른 과제가 생긴다. 후임이 생기고, 해야 할 일이 늘어나고, 더 넓은 시야가 필요해진다. 육아도 똑같다. 처음에는 수유하고, 기저귀 갈고, 재우는 일만 해도 벅차다. 그런데 그게 익숙해질 즈음에는 또 다른 변화가 찾아온다.

이유식, 낮잠 패턴, 놀이 시간까지, 해야 할 것들이 점점 많아지고, 아이의 반응도 훨씬 복잡해진다. 수유 간격이 늘어나면 이제는 이유식을 시작해야 하고, 어떤 음식을 언제부터 어떻게 먹일지를 고민하게 된다. 기저귀 갈이는 횟수가 줄어들지만, 아이가 뒤집고 기어다니기 시작하면 오히려 한 번 갈 때 더 많은 에너지가 필요해진다.

아이는 계속해서 새로운 신호를 보낸다. 이전에는 배고프면 울고, 졸리면 울었지만, 이제는 그 울음 안에 다양한 이유가 섞여 있다. 울음뿐 아니라 몸짓, 표정, 시선까지 아이가 보내는 신호를 읽고, 그에 따라 반응하는 것이 중요해진다. 특히 아빠는 낮 동안 집을 비우는 경우가 많으므로 퇴근 후 아이와 보내는 시간이 더욱 중요하다. 단순히 안아주고 씻기고 재우는 시간을 넘어서, 오늘 아이가 어떤 하루를 보냈는지, 지금 어떤 변화의 흐름에 있는지를 이해하려는 태도가 필요하다.

왜 육아는 계속 낯설게 느껴질까

아이의 발달은 계단식이 아니라 곡선처럼 흘러간다. 눈에 띄는 큰 변화가 없어 보여도, 어느 순간 폭발적으로 새로운 시기를 맞는다. 아이의 패턴은 일정한 듯 보이지만 그 안에서 조금씩 변화하고, 익숙해졌다고 생각하는 순간 또다시 다른 변화들이 등장한다.

많은 아빠가 이 낯설음 앞에서 자신을 탓한다. '왜 나는 늘 타이밍이 늦을까.', '왜 이렇게 자꾸 놓치는 걸까.'라는 자책이 생긴다. 그러나 놓치는 것이 아니라, 아이가 그만큼 빠르게 자라고 있다는 뜻이다. 변화는 계속될 수밖에 없다. 그러니 '이제 좀 알겠다.'라는 생각보다는, '또 달라질 거야.'라는 태도를 갖고 있어야 한다.

특히 아빠는 아이와 보내는 시간이 제한되어 있기 때문에 변화의 흐름을 늦게 체감하는 일이 많다. 하루 대부분을 아이와 함께 보내는 아내는 낮잠 패턴, 수유 간격, 이유식에 대한 반응 같은 미세한 변화를 빠르게 감지하고, 그에 따라 돌봄 방식을 조금씩 조정해 나간다. 반면, 아빠는 주로 퇴근 후나 주말에만 아이를 마주하기 때문에 그사이 일어난 변화를 놓치기 쉽다. 며칠 전까지만 해도 잘 먹던 음식을 갑자기 뱉기 시작하거나, 한 번에 잠들던 아이가 갑자기 긴 시간 뒤척이기도 한다. 이런 변화를 인지하지 못한 채 이전과 같은 방식으로 아이를 돌보다 보면, 예상치 못한 반응에 당황하게 되고, 결국 육아 자체에 대한 자신감이 흔들릴 수 있다.

이럴 때 필요한 것은 아이를 유심히 관찰하는 것이다. 하지만 관찰만으로는 충분하지 않다. 그 해석을 혼자서 내리기보다는, 아이의 상태를 더 자주 지켜본 아내와 짧게라도 이야기를 나누는 과정이 중요하다. 수유 간격이나 낮잠 시간, 이유식 반응처럼 작게 보이는 정보들도 지금 아이가 어떤 흐름 속에 있는지를 이해하는 데 결정적인 단서가 된다. 이런 정보는 아빠가 불필요한 시도나 혼란을 줄이고, 아이의 현재 상태에 맞는 돌봄 방식으로 조정하는 데 도움이 된다.

이러한 대화는 아빠가 육아에서 '변수'가 되지 않도록 도와준다. 예를 들어, 밤 분유를 180ml 먹던 아이가 이유식량이 늘어나며 120ml만 먹기로 했는데, 아빠가 그 사실을 모른 채 예전처럼 준비하면 아이는 다시 힘들어지고, 부모는 혼란에 빠지게 된다. 육아는 반복되는 일상이지만, 그 안에 담긴 내용은 끊임없이 달라진다. 그래서 같은 행동이라도 시기에 따라 맞고 틀릴 수 있고, 아빠는 의도치 않게 변화를 되돌리는 역할을 하게 될 수도 있다.

하지만 변화에 관한 이야기를 함께 나누고, 아이의 반응을 공유받고, 돌봄의 방식을 조율해 간다면 이야기는 달라진다. 아이의 흐름을 알고 그에 맞춰 움직이는 아빠는 변수가 아닌 '일관성'의 한 축이 된다. 그리고 그 일관성은 아이에게 커다란 안정감을 준다. 중요한 건 완벽한 방식이 아니라, 변화하는 흐름을 함께 맞춰가는 태도다.

아이가 자라면서 육아는 계속해서 새로운 방식으로 달라진다. 신생아 시절에는 수유와 기저귀 교체가 중심이었지만, 시간이 지나며 이유식, 놀이, 감정 교류 같은 돌봄의 내용과 방식도 깊어진다. 아빠가 아이와 보내는 시간이 많지 않다고 해서 역할이 줄어드는 것은 아니다. 중요한 것은 함께 있는 순간에 어떤 태도로 임하느냐다. 아이가 아빠의 목소리를 듣고, 눈을 맞추고, 함께 웃는 짧은 시간은 그 자체로 소중한 경험이 된다.

육아에는 정답이 없다. 매뉴얼대로 되는 일도 없다. 결국 중요한 것은 흐름을 읽고, 그 흐름에 맞춰 태도를 조율하는 일이다. 퇴근 후 짧은 시간에도 아이에게 집중하려는 마음, 주말에 온전히 함께하려는 태도, 그 모든 순간이 모여 좋은 아빠를 만들어간다.

좋은 아빠는 시간을 얼마나 보냈느냐보다, 그 시간을 어떻게 채웠느냐로 결정된다.

> 육아에 바로 써먹는 한-줄 가이드
>
> 육아는 흐름을 읽는 일이고,
> 좋은 아빠는 그 흐름에 자연스럽게 함께하는 사람이다.

요령은 통하지 않는다
즉흥적인 육아와 스마트폰 의존의 함정

쉽게 해결하려다 더 어려워진 육아

아내가 복직하고 내가 육아휴직을 했을 때, 하루 종일 아이들과 지내는 일이 크게 어렵지 않을 거라 여겼다. 첫째가 세 살(36개월), 세쌍둥이가 6개월. 하루의 일정이 어느 정도 정해져 있었고, 기저귀를 갈고, 이유식을 먹이고, 낮잠을 재우고, 씻기고 재우는 일상을 반복하면 될 거로 생각했다. 하지만 육아는 생각처럼 흘러가지 않았다. 세쌍둥이가 울면 장난감을 쥐여 주고, 첫째가 투정을 부리면 영상을 틀어주는 식으로 상황을 넘겼다. 순간적으로는 편했다. 하지만 시간이 지나면서 아이들의 요구는 점점 많아졌다. 쉽게 넘기려 했던 작은 선택들이 쌓이자, 아이들은 점점 더 즉각적인 반응을 기대하게 됐다. 육아 자체가 힘들기도 했지만, 쉽게 넘기려다 보니 더 어려워졌다.

출근과 육아를 병행하는 아빠들은 아이와 함께하는 시간이 한정적이다. 짧은 시간이라도 아이와 교감하려 하지만, 현실적으로 육아의 주도권을 잡기가 쉽지 않다. 회사에서 피곤하게 하루를 보내고 돌아오면, 아이가 떼를 쓰거나 예상치 못한 행동을 할 때 즉흥적으로 대응하게 된다. '지금만 조용하면 된다.'라는 생각으로 원하는 것을 쉽게 들어주기도 하고, 아이가 울면 장난감이나 스마트폰을 쥐여 주기도 한다. 이런 방식이 반복되면, 아빠는 점점 육아에서 주도권을 잃게 된다. 육아는 순간순간 해결하는 것이 아니라, 아이에게 일관된 환경을 만들어주는 과정이다. 부모가 어떤 태도를 보이느냐에 따라 아이의 행동 패턴이 만들어진다.

잠깐의 편의가 오히려 더 큰 어려움으로 돌아오기도 한다. 식사 시간에 스마트폰 영상을 보여주면 쉽게 밥을 먹는다고 해서 몇 번 반복하다 보면, 나중에는 스마트폰 없이는 밥을 먹으려 하지 않을 수 있다. 아이는 반복을 통해 부모의 반응을 학습한다. '울면 원하는 걸 얻을 수 있다.'라는 경험이 쌓이면, 점점 더 강한 떼쓰기나 즉각적인 보상을 요구하는 행동으로 발전할 수 있다.

스마트폰의 함정

스마트폰은 아이를 잠깐이라도 조용하게 만들 수 있는 강력한 도구다. 하지만 이는 육아에서 가장 쉽게 빠지는 함정이기도 하다. 많은 부모가 '조금만 보여주고 끊자.'라고 생각하지만, 한번 익숙해진 아이를 다시 돌리는 것은 더 어렵다. 처음부터 안 보여주는 것이 훨씬 쉽다. 아이에게 스마트폰을 보여주지 않으면 처음에는 울고 보채겠지만, 시간이 지나면서 다른 놀이를 찾게 된다. 하지만 스마트폰에 익숙해진 아이는 그것이 없으면 더 강하게 떼를 쓰고, 원하는 것을 얻기 위해 더 극단적인 반응을 보일 수도 있다. 부모 스스로 육아를 더 어렵게 만드는 결과를 낳는다.

육아에서 가장 중요하면서도 지키기 어려운 것이 '일관성'이다. 한번 스마트폰을 보여주기 시작하면, 아이는 같은 방식으로 부모를 설득하려 한다. 부모가 흔들릴 때마다 아이는 더 강하게 요구하고, 결국 스마트폰을 더 자주 쓰게 된다. 스마트폰 없이 아이를 돌보려면, 부모가 직접 달래야 한다. 피곤한 몸으로 아이를 재우고, 이유식을 먹이려면 더 많은 에너지가 필요할 수도 있다. 하지만 장기적으로 보면 이 방식이 더 쉽다. 아이가 스스로 감정을 조절하는 법을 배우고, 부모와의 교감을 통해 안정감을 느낄 수 있기 때문이다. 스마트폰 없이 육아가 더 힘들 거로 생각할 수 있지만, 오히려 스마트폰에 의존하는 육아가 부모를 더 지치게 만든다.

육아정책연구소(2019)의 연구에 따르면, '만 2세 이전부터 스마트폰을 자주 사용하는 아이들은 그렇지 않은 유아보다 조절 능력이 30% 낮았다.' 즉흥적으로 스마트폰을 활용해 아이를 달랠 경우, 아이는 감정을 스스로 조절하는 경험을 할 기회를 잃게 된다. 스마트폰이 없는 상황에서는 더욱 예민해지고 쉽게 좌절하는 모습을 보일 수 있다. 이는 단순한 습관이 아니라, 아이의 성장 과정에서 큰 영향을 미친다.

즉흥보다 일관성, 육아는 습관이다

일관성을 지키는 일은 결국, 매일의 육아 방식이 하나의 습관이 되도록 만드는 과정이다. 스마트폰 없이도 충분히 가능하다. 아이를 재우고, 밥을 먹이고, 함께 노는 방식이 반복되면 그 자체가 습관이 된다. 이 습관은 아이에게 예측할 수 있는 안정감을 주고, 아빠에게는 육아를 조금 더 수월하게 해주는 길잡이가 된다. 육아는 즉흥적으로 대응할수록 더 힘들어진다. 그때그때 편한 방법을 찾다 보면, 아이도 부모도 쉽게 지치게 된다. 반면, 일관된 태도로 반응하고, 반복되는 루틴 속에서 함께 시간을 쌓아 가는 아빠는 아이에게 든든한 기준이 된다. 스마트폰에 의존하지 않아도 괜찮다. 아이는 결국 아빠의 태도와 마음을 기억한다.

아빠가 육아에 어떤 태도로 임하느냐에 따라, 아이는 감정 조절과 관계 형성 능력을 키워간다. 스마트폰과 즉흥적인 육아가 아이를 달래는 편한 방법처럼 보일 수 있지만, 장기적으로는 아이와의 관계를 멀어지게 만들 수 있다. 아이에게 필요한 것은 즉각적인 보상이 아니라, 아빠와 함께하는 시간과 교감이다.

육아는 시간이 흐른다고 저절로 쉬워지는 일이 아니다. 단순히 기술적인 부분이 익숙해지는 것이 아니라, 아빠의 역할이 달라지고 확장되는 과정이다. 처음에는 수유와 기저귀 갈기로 시작하지만, 점점 더 아이의 감정을 읽고, 올바른 습관을 형성하도록 돕는 것이 중요해진다.

쉽게 가려고 하면 더 어려워진다. 즉흥적인 육아와 스마트폰 의존이 육아를 편하게 해줄 것처럼 보이지만, 결국 더 많은 문제를 만든다. 육아는 부모가 아이에게 맞춰가는 과정이다. 아빠가 아이와 어떻게 시간을 보내느냐에 따라, 아이가 성장하는 방식도 달라진다. 아이에게 필요한 것은 완벽한 육아가 아니라, 늘 곁에 있는 아빠의 진심이다.

> **육아에 바로 써먹는 한-줄 가이드**
>
> 육아는 요령으로 풀 수 있는 일이 아니다.
> 순간의 편함을 택할수록, 아이는 더 복잡한 반응으로 돌아온다.

직접 해봐야 보이는 것들
혼자 해봐야 진짜 육아를 안다

아빠에게 맡기면 불안한 이유

예능 프로그램 〈유퀴즈 온 더 블록〉을 보면 큰 자기, 아기자기로서 유재석과 조세호가 함께 인터뷰를 진행한다. 유재석은 프로그램을 이끄는 메인 진행자로, 게스트가 편안하게 이야기할 수 있도록 분위기를 조성하며 질문을 던지고, 대화를 자연스럽게 이어가며 흐름을 유지한다. 조세호는 틈틈이 재치 있는 멘트로 분위기를 유쾌하게 만들어 준다. 예상치 못한 질문을 던지며 게스트의 긴장을 풀어주고, 때로는 엉뚱한 반응으로 웃음을 유도한다.

두 진행자의 역할은 육아에서 엄마와 아빠의 관계와 닮았다. 엄마는 하루 종일 아이와 함께하며 일정을 조율하고, 수유와 이유식을 챙기며 전반적인 육아를 책임진다. 아이가 편안하게 하루를 보낼 수 있도록 돌보는 것이 엄마의 역할이라면, 아빠는 짧은 시간이더라도 육아에 참여하며 아이와 유대를 형성하고, 장난이나 놀이를 통해 색다른 경험을 만들어준다.

만약 유재석 없이 조세호가 단독으로 프로그램을 맡는다면, 가장 불안한 사람은 의외로 유재석일지도 모른다. 조세호의 유머 감각과 순발력을 신뢰하면서도, 인터뷰가 매끄럽게 흘러갈지, 돌발 상황에 잘 대처할 수 있을지 계속 신경이 쓰이기 때문이다. 혼자서도 잘할 수 있겠다고 생각하면서도, 흐름이 어색해지지 않을까 하는 우려가 쉽게 가라앉지 않을 것이다.

엄마가 아빠에게 아이를 맡길 때도 비슷하다. 아빠가 충분히 잘할 거라고 믿으면서도, 아이의 낮잠이 어긋나지 않을지, 기저귀는 제때 갈아줄지, 아이가 보채면 제대로 대응할 수 있을지 걱정이 앞선다. 아빠에게 맡기는 것이 아니라, 계속해서 상황을 모니터링하고 싶어지는 마음이 드는 것도 자연스러운 일이다.

하지만 프로그램 진행과 달리, 아빠가 육아를 맡는 일은 완벽할 필요가 없다. 시행착오가 있더라도 아이는 자라고, 아빠도 점점 방법을 찾아간다. 중요한 것은 처음부터 잘하는 것이 아니라, 직접 해보며 익숙해지는 과정이다.

혼자 해보기, 아빠 육아의 시작

아이를 혼자 돌보는 것이 처음부터 부담스럽게 느껴진다면, 운전을 처음 배웠을 때를 떠올려보자. 조수석에 앉아 배우는 것만으로는 실력이 늘지 않는다. 직접 운전대를 잡아야 감을 익힐 수 있다. 처음에는 짧은 거리부터 시작해 점차 운전하는 시간이 길어지듯이, 육아도 짧은 시간부터 경험하며 익숙해져야 한다. 1~2시간 정도 아이를 돌보는 것부터 시작하고, 점차 반나절, 하루로 시간을 늘려가면 된다.

엄마가 외출하는 1~2시간 동안 아이를 맡아보는 것으로 시작할 수 있다. 이 시간 동안 아이에게 필요한 것은 단순하다. 낮잠을 재우거나, 배고픔을 달래주거나, 기저귀를 갈아주는 정도면 충분하다. 큰 변수가 생길 가능성이 작아 부담 없이 시도해 볼 수 있다.

짧은 시간을 경험하면 반나절 동안 아이를 맡아볼 수도 있다. 이 단계부터는 변수가 많아진다. 배고프지 않은데도 아이가 울거나, 낮잠을 거부하거나, 이유식을 먹다가 뱉어버리는 일도 생길 수 있다. 엄마가 옆에 있을 때는 가볍게 지나갔던 일이지만, 혼자 감당해야 할 때는 더 크게 느껴질 수 있다. 하지만 몇 번 경험해 보면 점점 대처하는 법을 배우게 된다.

아이와 외출하는 경험도 필요하다. 가까운 마트에 장을 보러 가거나, 동네 공원을 산책하는 것부터 시작하면 된다. 외출할 때 무엇을 챙겨야 하는지 고민하면서, 아이가 낯선 환경에서 어떻게 반응하는지를 경험하며 배울 수 있다. 예상치 못한 상황이 생길 수도 있지만, 이런 과정을 겪으며 아이를 돌보는 감각이 점점 익숙해진다.

아침부터 저녁까지 하루 동안 아이를 돌보는 경험은 또 다른 단계다. 짧은 시간, 반나절 동안 돌봤을 때와는 차원이 다르다. 하루를 계획 없이 보내면 예상보다 훨씬 피곤할 수 있다. 아이가 언제 수유를 해야 하는지, 언제 낮잠을 자야 하는지 미리 정해두면 훨씬 수월하다. 아침에 일어나서 어떤 일정으로 하루를 보낼지 고민해야 하고, 집에만 있을 것인지 외출을 할 것인지도 결정해야 한다. 외출할 때 챙겨야 할 것도 많아진다.

처음 하루 종일 아이를 돌보면, 체력은 금세 바닥나고, 아이의 울음에 당황한 채 쉴 틈 없이 하루를 보내며 지치기 쉽다. 하지만 하루를 온전히 아빠가 돌보면, 엄마가 매일 해오던 일이 단순히 먹이고 재우는 것이 아니라는 걸 실감하게 된다. 아이가 무엇을 원하는지 읽고, 예상하지 못한 변수에도 대처해야 한다. 하루 동안 스스로 모든 걸 해결해 보면서 육아의 흐름을 익히게 된다.

육아는 경험 없이는 결코 익숙해질 수 없다. 처음에는 작은 실수를 하더라도, 점점 몸에 익혀가는 과정이 중요하다. 혼자 해보면 엄마가 매일 해오던 육아가 얼마나 많은 준비가 필요한 일이었는지 깨닫게 된다. 육아는 단순한 돌봄을 넘어, 아이의 신호를 읽고 상황을 예측해 대응하는 능력을 키우는 일이다.

혼자 해보는 것이 가족에게 주는 변화

아빠가 혼자 아이를 돌보는 일은 엄마에게만 좋은 일이 아니다. 아빠가 육아에 익숙해지면, 단순히 엄마의 휴식 시간이 늘어나는 것이 아니라, 서로의 일정을 조율하는 것이 훨씬 수월해진다. 아이 돌봄이 특정한 한 사람에게 집중되지 않으면, 부부 모두 개인적인 시간과 약속을 더욱 자유롭게 조정할 수 있다.

아빠가 혼자 아이를 돌볼 수 있게 되면, 가정의 균형도 자연스럽게 맞춰진다. 육아는 한 사람이 모든 책임을 짊어지는 것이 아니라, 함께 나누는 것이다. 아빠가 아이를 돌볼 수 있는 시간이 많아질수록, 엄마도 심리적인 여유를 찾을 수 있다. 여유가 생기면 부부 사이의 대화도 자연스럽게 늘어나고, 서로에 대한 이해도 깊어진다.

또한, 아이와 아빠의 관계도 더욱 단단해진다. 짧은 시간이라도 온전히 아이와 함께하는 경험이 쌓이면, 아이는 아빠를 신뢰하고 의지하게 된다. 아이가 기분이 나쁘거나 낯선 상황에서 아빠에게 먼저 다가오는 모습을 보일 수도 있다. 아빠가 육아에 적극적으로 참여할수록, 아이와의 교감이 깊어지고, 이는 이후의 관계 형성에도 긍정적인 영향을 미친다.

무엇보다 혼자 아이를 돌볼 수 있는 아빠가 되면, 가족의 모든 일정이 더 유연하게 조정된다. 엄마가 외출할 때도 걱정 없이 다녀올 수 있고, 아빠 역시 개인적인 시간과 활동을 계획하기가 훨씬 쉬워진다. 육아가 특정인의 책임에 머무르지 않고, 가족이 함께 만들어가는 과정이라는 점에서 아빠의 역할은 더욱 중요하다.

처음에는 어렵고 부담스럽게 느껴질 수 있다. 하지만 직접 해보는 순간, 육아는 혼자만의 책임이 아니라 가족이 함께 만들어가는 과정이라는 것을 깨닫게 된다.

> 육아에 바로 써먹는 **한 - 줄 가이드**
> 아빠가 하루를 온전히 맡아보면, 육아가 보이고 아빠의 역할이 자리 잡는다.

아빠가 만드는 네 가지 루틴
먹고, 놀고, 안기고, 잔다

하루 3시간, 아빠의 시간표

아빠는 아이와 함께할 수 있는 시간이 생각보다 훨씬 짧다. 평일엔 아침 일찍 출근하고, 퇴근해 집에 오면 이미 저녁이다. 밥을 먹이고, 목욕을 시키고 나면 아이는 잠자리에 든다. 하루에 함께할 수 있는 시간은 3시간도 채 되지 않는다. 주말이라고 크게 다르지 않다. 돌 전 아기는 낮잠 시간도 길고, 수유와 이유식 준비에도 많은 시간이 필요하다. 그렇게 하루 중 아이가 깨어 있는 시간, 그리고 아빠가 곁에 있을 수 있는 시간은 몇 시간 되지 않는다. 그 시간마저도 순식간에 지나간다.

이 짧은 시간을 어떻게 써야 할까. 아빠가 아이와 눈을 마주치는 순간은 손에 꼽을 정도다. 그래서 더 아깝고 소중하다. 짧으므로 자칫 소홀해질 수 있는 이 시간을 어떻게 하면 더 의미 있게 보낼 수 있을지 고민하게 된다. 실수라도 하면 관계가 멀어질지 걱정되고, 무언가 특별한 걸 해야 할 것 같아 불안해진다. 아내는 아이의 하루를 온전히 함께 보내며 고군분투하는데, 나는 아이 곁을 스쳐 지나가는 사람처럼 느껴진다.

하지만 아이의 하루를 구성하는 흐름을 알고, 그 안에 자연스럽게 들어가는 것만으로도 아빠는 충분히 의미 있는 역할을 할 수 있다. 돌 전 아이의 하루는 '먹고, 놀고, 반응하고, 자는' 네 가지 활동으로 구성된다. 이 네 가지는 단순한 루틴이 아니라, 아이의 발달을 이끌고 가족의 감정을 조율하는 중심이다. 이유식, 놀이, 애착, 수면. 각각의 순간은 독립된 활동이 아니라 서로 긴밀하게 연결되어 있다. 이 흐름을 따라가다 보면 하루 전체가 만들어진다. 그리고 아빠는 그 흐름 속에서 자신의 자리를 찾아갈 수 있다.

짧지만 깊은 하루의 동행

이유식은 단순히 먹이는 일이 아니다. 아이가 이유식을 먹는 시간은 엄마에게는 긴장의 연속이다. 오늘은 얼마나 먹을까, 또 뱉지는 않을까, 알레르기는 괜찮을까. 아이의 표정을 살피고, 한 숟가락 한 숟가락에 마음을 쏟아야 한다. 하루에 여러 번 반복되지만, 그때마다 새롭게 긴장된다. 이유식 시간에 아빠가 할 수 있는 가장 실질적인 도움은 함께 준비하고 치우는 일이다. 재료를 다듬고 이유식을 데우는 동안 아이를 안아주거나, 식사 후 식탁을 정리하는 일만으로도 엄마의 부담은 눈에 띄게 줄어든다. 이 시간에 아빠가 자리를 함께하면, 아이는 안정감을 느끼고 식사에 더 집중하게 된다. 또한 아빠가 식탁에 앉아 엄마와 자연스럽게 대화를 나누는 모습은 아이에게 긍정적인 영향을 준다. 식사 시간이 가족이 함께 머무는 편안한 시간이라는 인식이 형성되기 때문이다. 이유식은 단지 음식을 먹이는 과정이 아니라, 아이의 식습관과 가족의 일상 속 역할을 함께 만들어가는 시간이다. 아빠의 작은 참여가 아이와 엄마 모두에게 의미 있는 안정감을 줄 수 있다.

이유식을 마친 아이는 곧 놀이의 시간으로 넘어간다. 놀이는 아이의 에너지를 발산하고, 정서를 조율하는 시간이다. 놀이가 어렵게 느껴지는 아빠들도 많다. 무엇을 해야 할지 막막하고, 아이는 금방 싫증 내는 것 같고, 장난감 없이 놀아주는 게 쉽지 않다. 하지만 아이가 원하는 건 특별한 기술이 아니다. 눈을 마주치고, 반응해 주며, 몸을 맡길 수 있는 사람. 그게 아빠다. 세쌍둥이는 아빠의 무릎에 올라타 비행기를 타듯 몸을 흔드는 놀이를 가장 좋아했다. 배 위에 올라가 흔들리고, 어깨에 매달리는 신체 놀이를 즐겼다. 이런 놀이는 준비물이 필요 없다. 몸만 있으면 된다. 아빠의 몸은 아이에게 가장 안전한 놀이터다.

놀이가 깊어지면 관계도 함께 깊어진다. 아이는 놀이를 통해 사람에 대한 신뢰를 형성한다. 반복되는 접촉과 일관된 반응 속에서 아이는 자신이 계속 돌봄을 받고 있다는 안정감을 느끼고, 이러한 경험은 점차 신뢰로 이어진다.

　이 시기의 아이는 낯가림이나 분리불안을 경험한다. 엄마를 먼저 찾고, 아빠에게는 쉽게 마음을 열지 않을 수 있다. 이러한 반응은 아빠에게 상처로 다가올 수도 있지만, 관계를 쌓기 위한 자격은 특별한 무언가가 아니라 반복되는 일상 속에서 만들어진다. 아이가 보내는 신호에 반응하고 기다려 주는 태도는 그 자체로 중요한 애착의 기반이 된다. 애착은 특별한 말이나 행동보다, 꾸준히 곁에 있으려는 자세에서 시작된다.

　아이의 하루를 마무리하는 시간은 잠자기 전이다. 이 시간은 가족 모두에게 가장 민감한 순간이기도 하다. 엄마는 하루 종일 쌓인 피로로 지쳐 있고, 아이는 쉽게 잠들지 못해 보채는 경우가 많다. 이럴수록 필요한 것은 복잡한 기술이 아니라 익숙한 흐름이다. 수면은 기술보다 일관성이 중요하다. 항상 같은 환경, 익숙한 사람, 예측 가능한 순서가 아이를 차분하게 만든다. 아빠가 이 시간에도 자리를 함께하면, 아이는 더 편안함을 느끼고 자연스럽게 잠들 수 있다. 특별한 행동보다 중요한 건 수면 루틴 안에 아빠가 있다는 것이다. 같은 시간, 같은 공간에서 조용히 옆에 있어 주는 것만으로도 아이는 충분히 안정감을 느낀다. 수면 시간은 아빠가 육아에 자연스럽게 스며들 수 있는 기회이기도 하다.

작은 루틴에서 시작되는 육아

이 네 가지는 별개의 일이 아니다. 하루를 만든다. 그리고 그 하루는 아이의 성장을 이끌고, 가족의 감정을 다듬는다. 아빠가 이 흐름에 자연스럽게 참여하는 것, 그 자체가 육아다. 모든 걸 완벽하게 할 필요는 없다. 반복되는 순간에 꾸준히 반응하고, 자리를 지켜주는 것만으로도 충분하다.

이유식 시간엔 한두 숟가락을 직접 먹여보고, 놀이는 몸으로 함께하고, 애착은 함께 있는 시간을 통해 만들어지고, 잠자리는 익숙한 환경 속에서 조용히 곁을 지켜주는 것으로도 충분하다. 특별한 무언가보다 일상의 반복이 아이에게 안정감을 준다. 아이의 하루는 금세 지나가지만, 그 하루에 함께했던 아빠의 모습은 오래 남는다. 짧은 순간이라도 매일 쌓이면, 아이에게 아빠는 늘 곁에 있는 사람으로 기억된다. 육아는 거창한 일이 아니다. 작은 루틴 속에 함께하는 태도가 전부다.

> 육아에 바로 써먹는
> **한 - 줄 가 이 드**
>
> 먹고, 놀고, 안기고, 자는 루틴으로 들어가라.
> 짧은 시간이더라도 아빠의 자리는 분명해진다.

루틴 ① 돌밥돌밥, 이유식의 현실
반복되는 밥상이 하루를 만든다

하루를 움직이는 이유식 루틴

아이의 하루는 단순한 반복처럼 보인다. 하지만 그 안에는 분명한 리듬이 존재한다. 특히 이유식이 시작되는 시점부터는 그 리듬이 더 뚜렷해진다. 먹고, 놀고, 안기고, 자는 네 가지 루틴은 아이의 하루를 규칙 있게 해주며, 부모의 하루를 새로운 방식으로 설계하게 만든다. 생후 5~6개월이 되면 아이는 수유만으로는 성장에 필요한 모든 영양을 충족하기 어려워지고, 다양한 식감을 경험하고 삼키는 훈련이 필요한 시기에 접어든다. 이 시점부터 본격적인 식사 훈련이 시작된다. 바로 이유식이다.

이유식은 단순히 밥을 먹이는 일이 아니다. 아이가 처음으로 숟가락을 입에 대고, 낯선 질감의 음식을 받아들이며, 혼자 먹는 훈련을 시작하는 중요한 단계다. 동시에 부모에게도 이유식은 새로운 전환점이 된다. 하루 세 끼를 기준으로 아이와 식사 일정을 맞춰야 하고, 단순했던 수유 중심의 일상은 이유식 중심의 루틴으로 바뀐다. 많은 부모가 이 시기를 지나면서 "차라리 수유만 하던 시절이 나았다."라고 말한다. 수유는 일정한 시간에 젖병만 준비하면 되었지만, 이유식은 매번 새로 시작해야 하는 작은 프로젝트 같기 때문이다.

반복되는 밥상, 반복되지 않는 하루

수유는 준비가 단순하고, 반응도 비교적 예측 가능했다. 하지만 이유식은 아이의 컨디션, 기분, 입맛에 따라 반응이 크게 달라진다. 아침에 잘 먹던 메뉴가 오후에는 거부당하기도 하고, 어제까지 문제없던 재료가 오늘은 체하거나 거부감을 유발하기도 한다. 부모는 식단을 계획하고 재료를 손질하며, 알레르기 유무를 확인하고, 적절한 온도와 농도를 맞추기 위해 노력한다. 단순히 '밥을 주는 일'이 아니라, 하나의 식사 행위 전체를 설계하고 실행하는 일이다. 하루가 온전히 이 일로 채워진다고 해도 과언이 아니다.

특히 수유와 이유식을 병행하는 시기에는 하루의 구조가 더욱 촘촘해진다. 이유식을 먹이고 정리하면 수유 시간이 돌아오고, 수유 후 아이를 재우고 나면 다음 이유식을 준비해야 한다. 하루 세 번 이유식, 간식 한두 번, 수유까지 더하면 부모의 하루는 끊임없는 먹이고 치우는 루틴으로 가득 찬다. '돌밥돌밥'이라는 표현이 괜히 생긴 것이 아니다. 아기 밥을 차리고 먹이고 치우면, 곧이어 다시 밥을 차려야 한다. 이 표현에 '수유'를 포함하면 '밥수밥수'가 된다. 이유식과 수유, 간식이 반복되며 하루를 끌고 가는 흐름이 된다.

이유식은 영양을 보충하는 수단이기도 하지만, 동시에 아이의 식습관과 기질을 처음으로 파악할 수 있는 시간이다. 아이는 이 시기를 통해 처음으로 음식에 대한 경험을 쌓는다. 입에 넣기 전 냄새를 맡고, 조금씩 입술로 맛을 보고, 거부하거나 삼키는 과정을 반복한다. 아이의 표정 하나하나가 부모에게는 중요한 신호가 된다. 단 몇 숟가락을 먹이는 동안에도 수많은 판단과 조정이 필요하다. 농도는 적당했는지, 온도는 맞았는지, 한 입 더 먹일지 말지, 다음 식사에는 어떤 재료를 넣을지 끊임없이 생각한다. 그만큼 부모의 에너지는 소진된다.

이유식은 아내의 일이 아니라, 가족의 일이다

나는 육아휴직을 하며 이 모든 과정을 세쌍둥이와 함께 겪었다. 아내가 출근한 뒤, 세 아이에게 아침 이유식을 먹이는 일로 하루가 시작됐다. 각각의 아이를 번갈아 먹이면서도 흐름을 놓치지 않으려 애썼다. 한 명이 입을 다물면 다른 아이를 먹이고, 또 한 아이는 흘린 이유식을 닦으며 다시 첫째에게 돌아갔다. 세 명 모두를 다 먹이기까지는 시간도 체력도 배로 들었지만, 더 어려운 건 마음의 여유를 지키는 일이었다. 누구는 울고, 누구는 입을 다물고, 누구는 먹다 말고 장난을 치는 그 상황 속에서도, 나는 최대한 부드러운 목소리를 유지하려 했다. 이유식을 전쟁처럼 하지 않기 위해서였다.

먹이고 나면 할 일은 끝이 아니다. 바닥을 닦고, 옷을 갈아입히고, 용기를 씻고, 다음 끼니를 준비한다. 이유식이 일상에 들어오면 '하루 세 번'이라는 개념은 정확히 맞지 않는다. 준비와 정리까지 포함하면 하루 내내 이유식에 붙잡혀 있다고 느껴질 정도다. 이유식은 시간만 잡아먹는 일이 아니다. 그 안에 정서적 교류, 반응 관찰, 식습관 형성이라는 중요한 요소가 포함되어 있다. 먹는 양보다 먹는 태도, 흘리더라도 앉아서 함께 식사하는 분위기를 만드는 것이 더 중요해진다.

이 시기의 아빠 역할은 절대 작지 않다. 아빠가 직접 먹이지 않더라도 함께할 수 있는 일은 많다. 이유식 재료를 미리 다듬거나, 주방 정리를 도와주거나, 아이에게 "잘 먹었어?"라고 웃어주는 짧은 한마디도 아이에게는 따뜻한 상호작용이 된다. 특히 평일 낮에 함께하지 못하는 직장 아빠라면, 주말만이라도 이유식 시간을 함께하면 좋다. 아이가 식사하는 모습을 옆에서 지켜보고, 아내의 수고를 가까이에서 느낄 수 있는 소중한 시간이다. 식탁을 닦는 일, 다음 이유식을 위해 필요한 재료를 메모해 장을 보는 일 역시 아빠가 충분히 할 수 있는 일이다.

이유식은 육아의 한 과정이자, 가족이 하루를 함께 살아가는 방식 중 하나다. 반복되는 밥상은 귀찮고 힘들지만, 그 안에는 가족이 함께 만들어가는 리듬이 있다. 매일 비슷한 하루지만, 아이의 표정은 다르고, 반응은 달라진다. 부모는 그 작은 변화에 민감하게 반응하며, 식사 속에서 아이를 이해하고 가족이 함께 보내는 시간을 채워간다.

오늘 저녁, 냉장고 안의 채소를 한 번 꺼내보자. 내일은 어떤 이유식을 준비할지 함께 이야기 나눠보자. 직접 먹이지 않더라도, 함께 밥상을 생각하고 계획하는 순간부터 이미 아빠의 육아는 시작되고 있다. 아이와 함께한 이유식 한 끼는 단순한 식사가 아니라, 가족이 서로를 이해하는 또 하나의 방법이 된다.

> **육아에 바로 써먹는 한-줄 가이드**
> 이유식은 '먹이는 사람'만의 일이 아니다.
> '함께 준비하고 옆에서 지켜보는 사람'도 필요하다.

루틴 ② 함께 노는 아빠
놀아주는 게 아니다, 같이 노는 사람이다

놀이, 기술이 아닌 태도

이유식을 먹고 나면, 몸을 움직이고 반응하려는 시간이 온다. 바로 놀이 시간이다. 놀이는 아이의 에너지를 발산하고 감정을 조율하는 시간이다. 하루의 흐름 중 가장 활발하고, 부모와의 상호작용이 가장 빈번하게 일어나는 순간이기도 하다. 이때 많은 아빠는 '무엇을 해야 할지 모르겠다.'라는 막막함을 느낀다. 이런 현실을 유쾌하게 그린 광고가 있다. 3,600만 뷰를 넘긴 KCC 광고 〈문명의 충돌 2〉(2025년 3월 기준)다. 이 광고는 육아의 현실을 120% 반영했다. 특히, 아이를 바운서에 태우고 소파에 누워 스마트폰을 보다가 엄마에게 등짝 스매시를 맞는 장면은 많은 이들이 웃으며 공감하게 만든다. 웃음 뒤에 숨겨진 진짜 메시지는 명확하다.

바로 '어떻게 놀아야 할지 몰라 당황하는 아빠'의 모습이 낯설지 않다는 점이다. 실제로 많은 아빠가 '놀이'라는 단어 앞에서 막막함을 느낀다. 어떻게 놀아줘야 할지 모르겠고, 아이는 금방 지루해하는 것 같고, 특별한 장난감이나 놀이 기술이 있어야 할 것 같아 부담이 생긴다. 문제는 기술이나 장난감이 아니다. 진짜 문제는 아빠가 '놀이'를 어렵게 생각하고 있다는 것이다. 놀이를 특별한 시간, 뭔가 해줘야 하는 과제처럼 느끼기 때문이다. 하지만 아이에게 놀이란 그런 것이 아니다. 아이에게 놀이란 함께 있는 사람, 나를 바라봐 주고 반응해 주는 사람과의 상호작용이다. 장난감보다 중요한 건 아빠의 얼굴과 손, 목소리다. 복잡하거나 화려한 장치보다도, 반복되는 표정과 웃음, 가까운 거리에서 들리는 목소리에서 아이는 더 큰 자극이 된다. 놀이의 본질은 상호작용이다. 놀이란 어떤 것을 보여주고 가르치는 시간이 아니라, 함께 웃고 움직이며 반응을 주고받는 시간이다. 아빠가 잘해야 하는 것은 놀이 기술이 아니라 아이와 함께하는 태도다.

아빠의 몸이 아이의 첫 번째 놀이터

세쌍둥이를 키우며 가장 많이 했던 놀이는 몸으로 하는 놀이였다. 무릎에 올려 흔들고, 아이 옆에 누워 비행기를 태워주는 그 짧은 시간 동안 아이들은 깔깔 웃었다. 품에 안겼다가 다시 내려오기를 반복했다. 준비할 것도 없고, 특별한 도구도 없었다. 그냥 몸만 있으면 가능했다. 아빠는 자연스럽게 놀이터가 되었다.

이런 신체 놀이는 아이에게 큰 자극을 준다. 균형을 잡으며 중심을 찾고, 몸 전체로 움직임을 경험한다. 아빠와의 놀이는 동작이 크고, 상호작용이 직접적이다. 들어 올리고, 던지고, 매달리게 해주는 아빠의 방식은 아이에게 새로운 자극이 된다. 아빠의 몸은 아이에게 하나의 커다란 놀이터가 되고, 이 과정을 반복하면서 아이는 신체 감각뿐 아니라 정서적인 안정감까지 함께 쌓아간다.

놀이 방식은 부모마다 다르다. 엄마의 놀이는 세심하고 부드럽다. 손끝으로 만지며 말을 걸고, 작은 변화에 민감하게 반응한다. 아빠의 놀이는 크고, 다소 거칠고, 예측이 어렵다. 하지만, 이 다름이 바로 장점이 된다. 아이는 엄마에게서 안정감을 배우고, 아빠에게서 도전을 배운다. 두 방식은 서로 경쟁하는 것이 아니라, 균형을 이루는 것이다. 서로 다른 자극이 반복되며 아이는 더 넓고 깊게 세상을 경험한다.

놀이가 남기는 기억

놀이는 정해진 시간에만 하는 활동이 아니다. 체육 시간처럼 시작과 끝이 정해진 수업도 아니다. 쉬는 시간처럼 쉬는 시간이 있지도 않다. 아이에게 놀이는 하루 전체다. 기저귀를 갈아줄 때, 안아 들고 방을 옮길 때, 함께 밥을 먹을 때도 아이는 놀고 있다. 아빠와의 모든 순간이 놀이가 될 수 있다.

그래서 아빠는 '놀아주는 사람'이 아니다. '같이 노는 사람'이다. 아이가 주도하는 흐름을 따라가고, 그 속도에 맞춰 반응하는 것이 놀이의 본질이다. 아이가 스스로 시도할 수 있도록 기다려주는 태도. 그 안에서 아이는 자율성을 키우고 자신감을 얻는다.

무엇보다 놀이에서 중요한 건 반복이다. 아이는 같은 놀이를 반복하며 안정감을 느낀다. 아빠가 어제와 같은 동작을 해주고, 같은 웃음을 보여주는 것. 이 예측 가능한 흐름이 아이에게는 큰 안도감이 된다. 오늘도 어제처럼 나를 안아주고, 바라봐 주는 사람이 있다는 경험은 신뢰로 이어진다. 놀이라고 해서 늘 웃음이 터지거나 반응이 바로 돌아오는 것은 아니다. 어떤 날은 장난감만 만지작거리다 끝나고, 어떤 날은 멍하니 벽만 바라보기도 한다. 그럴 때도 아빠가 옆에 있다는 사실 자체가 중요하다. 꼭 무언가를 해주지 않아도 된다. 말없이 옆에 있어 주고, 같은 공간에 머무는 것만으로도 아이는 충분히 느낀다. 그렇게 함께한 시간이 더 오래 기억에 남는다.

놀이의 효과는 하루 만에 보이지 않는다. 하지만 반복되면 아이의 감정이 달라진다. 아이는 신뢰를 쌓고, 관계의 기반을 만든다. 무엇을 했는지는 곧 잊히지만, 누구와 함께했는지는 오래 기억에 남는다. 아빠가 해야 할 일은 어렵지 않다. 하루 중 단 10분이라도 스마트폰을 내려놓고 아이에게 온전히 집중해 보자. 아이의 손을 잡고, 눈을 맞추고, 말없이 함께 움직이는 것으로 충분하다. 아빠의 무릎과 손끝은 아이에게 가장 안전한 놀이터가 된다. 그 위에서 아이는 균형을 배우고, 감정을 조절하고, 관계의 감각을 익힌다.

놀이는 잘하려고 애쓸 필요가 없다. 아이의 흐름을 따라가고, 그 속도를 함께 타는 것. 그것이 아빠가 할 수 있는 가장 강력한 놀이 방식이다. 아빠가 거기 있다는 것. 그것만으로 아이에게는 충분하다.

> **육아에 바로 써먹는 한-줄 가이드**
>
> 놀이가 막막하다면, 아이 옆에 앉아 눈부터 맞춰라.
> 웃고 반응하면 그게 곧 놀이가 된다.

루틴 ③ 태도가 애착을 만든다
얼마나보다 어떻게 있는지가 중요하다

아이는 반응을 기억한다

아이와 함께 보내는 시간이 길수록 관계가 깊어진다고 생각하기 쉽다. 그래서 많은 아빠들이 자신을 의심한다. 함께한 시간이 부족해서, 아이가 나를 덜 좋아하는 건 아닐지 걱정한다. 하지만 아이와 애착을 형성하는 건 단순한 시간의 길이가 아니다. 함께한 순간의 밀도다. 애착은 특별한 사건으로 만들어지지 않는다. 하루하루 반복되는 시간 속에서 조용히 쌓여간다. 짧은 순간의 감정보다, 일관된 시간과 태도가 축적된 결과다.

이 시기의 아이는 하루 대부분을 엄마와 보낸다. 먹고, 자고, 노는 루틴이 엄마를 중심으로 구성되어 있다. 자연스럽게 아이는 엄마를 먼저 찾고, 반응도 엄마에게 집중된다. 아빠가 같은 행동을 해도 아이는 등을 돌리거나 울음을 터뜨리는 경우가 많다. 특히 생후 6~8개월 무렵, 낯가림과 분리불안이 시작되면 이 반응은 더욱 뚜렷하게 나타난다. 이 시기를 경험하는 아빠는 아이가 자신을 거부한다고 느낄 수 있다. 하지만 이는 애착이 형성되고 있다는 긍정적인 신호이기도 하다.

아이는 이 시기에 익숙한 대상과 낯선 대상을 구분한다. 특정 인물이 사라지면 불안을 느끼고, 얼굴이 보이지 않으면 울음을 보인다. 이러한 반응은 누군가와의 관계가 안정적으로 형성되고 있다는 증거다. 다만 애착이 특정 대상에게만 강하게 형성되면, 그로 인한 부담은 고스란히 한 사람에게 쏠린다. 분리불안을 겪는 아이는 주된 애착 대상인 엄마에게만 매달리게 되고, 이는 엄마에게 정서적 부담으로 이어질 수 있다.

아이와 아빠 사이에 애착을 형성하기 위해서는 반복적인 돌봄 경험이 필요하다. 『삐뽀삐뽀 119 소아과』의 저자이자 소아청소년과 전문의 하정훈은 "애착은 특별한 사건이 아니라 반복되는 돌봄에서 만들어진다."라고 설명한다. 아이가 불편함을 느낄 때 곁에 있어 주는 사람, 울음을 반복해서 받아주는 사람, 감정에 일관되게 반응해 주는 사람에게 아이는 신뢰를 느낀다. 이 신뢰가 곧 애착으로 이어진다.

반복되는 일상에서 형성되는 애착은, 장난감이나 외출처럼 특별한 이벤트보다는 밥을 먹이고, 목욕을 시키고, 잠자리에 눕히는 일상에서 더 자주 쌓인다. 아빠의 존재가 예측할 수 있고, 반응이 일정하며, 감정적으로 일관된 태도를 유지할 때 아이는 안정감을 느낀다. 이런 일관된 감정 경험은 함께 보내는 시간보다 더 중요하다.

시간에 대한 고민은 아빠들에게 흔하다. 퇴근 후 짧은 시간만 함께하는 현실에서, 애착이 잘 형성되지 않을까 걱정하기도 한다. 하지만 애착은 시간의 길이보다, 일관된 태도와 반복되는 반응으로 형성된다. 아이가 원하는 시점에 아빠가 적절히 반응하고, 같은 방식으로 반응해 준다면 짧은 시간에도 관계는 만들어질 수 있다.

애착은 시간보다 태도로 만들어진다

세쌍둥이와 가정 보육을 하던 시기, 아빠와 엄마의 애착 형성 과정은 확연히 달랐다. 당시 나는 육아휴직 중이었고, 아내는 출퇴근하는 생활을 하고 있었다. 하루 대부분을 아이들과 함께 보내며 돌봤지만, 저녁 시간이 되면 아이들은 퇴근한 엄마에게 적극적으로 다가갔다. 처음에는 그저 '엄마라서 그런가 보다.'라고 생각했다. 하지만 곁에서 관찰하며 그 이유가 다르다는 것을 알게 됐다.

아내는 퇴근하자마자 아이들에게 다가갔다. 손을 씻고 무릎을 꿇고 앉아 아이들의 눈높이에 맞췄다. 아이가 울면 안아주고, 눈을 마주치며 부드러운 말투로 이름을 불렀다. 피로해 보이면서도 집중력은 흐트러지지 않았다. 짧은 시간이었지만 그 태도는 일관되었고, 아이들은 이를 인식하고 있었다. 하루 종일 함께한 시간보다, 짧지만 깊이 있는 반응이 애착 형성에 더 큰 역할을 했다.

내가 아이를 돌보는 방식은 조금 달랐다. 하루 종일 아이와 있었지만, 여러 명을 동시에 돌보다 보니 효율과 속도에 집중하게 됐다. 동시에 우는 세쌍둥이를 진정시키기 위해 한 명을 빨리 달래고, 다음 아이에게 넘어가는 식이었다. 표정과 속도는 일정하지 않았고, 가끔은 지친 내 감정이 드러나기도 했다. 아이의 입장에서 본다면, 내가 예측할 수 있는 사람이 아니었을 수도 있다. '항상 같은 반응'을 주는 사람이 아니라, '기분에 따라 달라지는 사람'으로 보였을 수도 있다.

애착은 아이의 감정이지만, 그 감정을 만들어주는 건 어른의 태도다. 하루 종일 함께 있는 시간이 많아도, 아이에게 일관되지 않은 반응을 반복하면 관계는 쉽게 깊어지지 않는다. 반대로 짧은 시간이라도 예측할 수 있는 반응을 꾸준히 보여주면 아이는 안정감을 느낀다. 아이는 언어보다 감정을 먼저 배운다. 그리고 감정은 반복 속에서 기억된다.

아빠가 아이와 애착을 형성하고 싶다면, 특별한 시간을 만들기보다 일상 속 루틴에 자연스럽게 들어가야 한다. 잠자기 전 아이에게 책을 읽어주는 일, 이름을 불러주는 일, 울 때마다 꾸준히 안아주는 일처럼, 작고 반복적인 돌봄이 신뢰를 만든다. 이 신뢰가 형성되면, 아이는 한 사람에게만 기댈 필요 없이 여러 사람과의 관계에서 안정감을 느끼게 된다. 바로 이 지점이, 분리불안의 부담이 한 사람에게만 집중되지 않게 만드는 출발점이다.

애착은 엄마만의 일이 아니다

아이의 애착이 엄마에게만 집중되면, 분리불안은 엄마 혼자 감당해야 할 부담이 된다. 간단한 집안일을 하거나 잠깐 자리를 비우는 것조차 어려운 상황이 반복된다. 아이가 엄마를 찾으며 울고, 잠시도 떨어지지 않으려 한다. 이런 상황에서 아빠의 역할은 단순한 보조가 아니라, 돌봄의 일부로 들어가야 한다는 의미가 더욱 분명해진다. 아이가 아빠와도 안정적인 관계를 맺으려면, 아빠가 일관된 돌봄의 일원이 되어야 한다.

애착은 아이의 성장뿐 아니라, 가족 전체의 정서적 균형에도 깊은 영향을 미친다. 반복되는 일상에서 아빠가 자기 역할을 꾸준히 해낸다면, 그것은 단순한 육아 참여를 넘어 가족의 정서 균형을 만드는 일이 된다. 지금 아빠가 할 수 있는 일은 거창하지 않다. 오늘 하루, 같은 시간, 같은 방식으로 곁에 있어 주는 일이다. 이 단순한 반복이 언젠가 아이의 마음 안에 '믿을 수 있는 사람'이라는 인식으로 남게 된다. 애착은 그렇게, 천천히 그리고 단단하게 형성된다.

육아에
바로 써먹는
한 - 줄
가 이 드

애착은 하루아침에 만들어지지 않는다.
반복되고 일관된 관계 속에서 자연스럽게 자라난다.

루틴 ④ 아빠 주도 수면 교육
하루의 마지막 순간에 할 수 있는 육아

잠자리 시간, 가장 현실적인 교감의 순간

퇴근이 늦어도 함께할 수 있는 육아가 있다. 바로 잠자리 육아다. 아이를 재우는 시간은 하루 중 아빠가 유일하게 곁에 있을 수 있는 순간일 수 있다. 아침은 분주하고, 낮은 엄마와 아이의 몫이다. 주말이라도 온전히 아이와 마주하기란 쉽지 않다. 결국 저녁, 아이를 재우는 짧은 시간이 아빠가 아이와 함께 할 수 있는 유일한 시간이 되기도 한다.

그래서 잠드는 시간은 단순한 하루의 마무리가 아니다. 아빠가 아이와 유대를 형성하고 유지할 수 있는 가장 현실적인 시간이다. 눈을 감기 직전의 아이는 하루 중 가장 예민하고 섬세하다. 그 곁에 있는 사람은 단순한 돌봄의 대상이 아니라, 아이의 하루를 정리해 주는 가장 중요한 인물로 자리 잡는다.

아기의 수면은 생후 수개월간 급격하게 바뀐다. 처음에는 낮과 밤의 구분 없이 짧은 간격으로 자고 깨기를 반복한다. 생후 3~4개월이 지나면 밤중 수면이 조금씩 길어지고, 6개월 전후부터는 야간 수면의 리듬이 잡히기 시작한다. 이 시기가 수면 교육을 시작하기에 가장 적절한 시점이다.

수면 교육, 방식보다 일관성이 중요하다

수면 교육은 단순히 아이를 혼자 잠들게 하는 일이 아니다. 『잘 자고 잘 먹는 아기의 시간표』의 저자 정재호 소아청소년과 전문의는 수면 교육을 "등에 업거나 수유, 젖병, 젖꼭지 같은 지속하기 어려운 조건 없이, 바닥에 누운 채 스스로 잠드는 법을 가르치는 일"이라 설명한다. 부모의 도움 없이 아이가 스스로 잠드는 능력을 키우는 과정이다.

수면 교육을 시작할 때 부모는 다양한 선택지 앞에 선다. 먼저 수면 공간부터 고민하게 된다. 아이와 함께 자는 '공동 수면'을 유지할 것인지, 분리된 공간에서 재우는 '분리 수면'을 시도할 것인지 결정해야 한다. 다음은 울음에 대한 대응 방식이다. 아이가 울 때 바로 반응할 것인지, 일정 시간 기다릴 것인지, 반응의 간격을 점진적으로 늘릴 것인지 등 부모의 철학과 아이의 기질을 함께 고려해야 한다.

대표적인 수면 교육 방식으로는 퍼버법, 웨이스 블러스법, 팬들리법, 호그법 등이 있다. 각각 울음을 일정 시간 허용하거나 즉시 반응하거나,

함께 자다 천천히 분리하는 등의 차이가 있다. 그러나 이 책에서 강조하는 바는 방법의 우열이 아니다. 방식이 무엇이든 중요한 것은 부모가 합의한 후, 일관되게 실천할 수 있느냐는 점이다. 일관성 있는 수면 루틴은 아이에게 예측할 수 있는 환경을 제공하고, 잠에 대한 저항을 줄이는 데 결정적인 역할을 한다.

이 과정에서 아빠의 참여는 단순한 보조 역할에 머물지 않는다. 오히려 수면 루틴을 함께 만드는 주체가 될 수 있다. 매일 같은 시간, 같은 공간, 같은 순서로 흐름을 만들어주는 것. 목욕을 시키고, 잠옷을 입히고, 책을 읽고, 조명을 낮추는 반복적인 과정. 그 안에서 아빠는 아이에게 '잠드는 시간이 곧 안정의 시간'이라는 메시지를 줄 수 있다.

수면 루틴에 참여하는 일은 가족 전체의 생활 리듬에도 영향을 준다. 2024년 성신여자대학교 서수연 교수 연구팀은 "아빠의 수면 참여가 자녀의 수면 질을 높이고, 엄마의 스트레스를 줄이며, 부부 관계 만족도를 높인다."라는 연구 결과를 발표했다. 아이는 더 빨리 잠들고, 밤중에 덜 깬다. 엄마는 정서적, 육체적 부담을 줄일 수 있고, 아빠는 아이와 교감할 수 있는 시간을 확보하게 된다. 이 연구는 수면이 가족 모두가 함께 조율해야 할 생활의 리듬임을 보여준다.

가장 현실적인 아빠의 시간

물론 수면 교육이 언제나 순조로운 것은 아니다. 어떤 날은 아이가 쉽게 잠들지 않고, 또 어떤 날은 이유 없이 깨어 울기도 한다. 루틴이 흔들리는 듯한 순간도 생긴다. 하지만 바로 그런 때일수록 아빠의 꾸준함이 중요하다. 오늘은 잘되지 않았더라도, 내일 다시 같은 시간, 같은 방식으로 이어가는 것이 수면 교육을 지켜가는 방법이다.

잠드는 시간은 단지 몸을 쉬게 하는 시간이 아니라, 하루의 감정을 정리하고 정서적 연결을 다지는 순간이기도 하다. 아이가 잠들기 전 마지막으로 마주하는 얼굴이 아빠라면, 아이에게 '나는 아빠와 함께 잠든다.'라는 감각을 남긴다.

'먹이고, 놀고, 안기고, 재우는' 네 가지 루틴은 아이의 하루를 구성하는 흐름이다. 그 흐름은 곧 가족의 하루이기도 하다. 아빠가 이 흐름에 자연스럽게 참여하는 일은 단순한 분업이 아니라 함께 살아가는 방식이다. 이 루틴의 마지막, 하루를 닫는 순간이 바로 수면이다.

하루의 시작은 엄마와 함께하는 이유식이지만, 마무리는 아빠의 품일 수 있다.

매일 밤이 조금씩 달라도 괜찮다. 어떤 날은 늦게 들어오고, 어떤 날은 루틴이 어긋나기도 한다. 중요한 것은 오늘도 아빠가 그 자리에 있었다는 것이다. 아빠가 옆에 있다는 것만으로도, 아이는 충분히 편안해질 수 있다. 아이가 눈을 감는 시간, 그 곁에 있는 사람으로 아빠가 함께한다면, 오늘 하루는 더 이상 엄마 혼자 감당한 날이 아니다. 그리고 그 하루는 아빠에게도, 아이에게도 오래 남는다.

> **육아에 바로 써먹는 한-줄 가이드**
>
> 잠드는 시간만큼은 꼭 함께하자.
> 수면 루틴은 아빠가 가장 현실적으로 연결될 수 있는 시간이다.

아빠, 이런 생각하지 마세요

Q. 경제적 지원이 가장 중요한 아빠의 역할 아닐까요?

A. 일하는 아빠일수록 경제적 지원에 더 무게를 두는 경우가 많다. 나도 그랬다. 하지만 아이가 정말 필요로 하는 것은 '함께 있는 시간'이다. 특히 돌 전 아기에게는 키즈카페나 놀이동산보다, 집 안에서 아빠와 함께 노는 시간이 훨씬 더 의미 있다.

이 시기의 아이는 복잡한 장난감이나 특별한 공간보다, 아빠의 얼굴과 손길, 말소리에서 안정감을 느낀다. 짧더라도 온전히 집중하는 시간, 아이의 눈높이에 맞춘 놀이, 반복되는 일상 속의 교감이 아이에게 더 오래 남는다.

아빠가 주는 시간의 '길이'보다 '밀도'가 중요하다. 단 10분이라도 눈을 맞추고 몸을 움직이며 함께 노는 순간은, 아이의 정서와 애착 형성에 큰 힘이 된다.

경제적 지원은 대체할 수 있는 방법이 있지만, 아이 곁에 있는 시간은 그 누구도 대신해 줄 수 없다.

아빠, 이렇게 하세요!

 아빠의 육아 참여를 실천하려면, 퇴근 후 일정한 시간을 정해 아이와 함께하는 활동을 계획해 보자. 예를 들어, 매주 수요일 저녁을 '아빠와 놀기' 시간으로 정해 일과 후 30분~1시간 정도 정기적인 루틴을 만드는 방식이다. 산책, 그림책 읽기, 목욕시키기, 간단한 요리 도우미 역할처럼 특별한 준비가 필요 없는 일상 활동으로 시작해도 충분하다. 이러한 반복된 루틴은 아이에게 예측할 수 있는 안정감과 정서적 애착을 형성하는 데 도움이 되며, 아빠로서도 '육아에 자연스럽게 참여하고 있다는 실감'을 얻을 수 있다. 가족센터나 육아종합지원센터에서도 '아빠와 함께하는 놀이 활동'이나 '부모-자녀 관계 향상 프로그램'을 정기적으로 운영하고 있으며, 거주지 기준으로 가까운 센터를 통해 신청할 수 있다.

5장 좋은 부모는 함께 만들어진다

"가정이란 어떠한 형태의 것이든
인생의 커다란 목표이다."
- J.G. 홀랜드

엄마도 꿈이 있다
엄마라는 이름에 모든 걸 맡기지 말자

엄마가 된다는 것, 꿈을 멈춘다는 것

육아는 분명 둘이 시작했는데, 어느새 한 사람의 몫이 되어 있었다. 출산과 육아는 부모의 삶을 완전히 바꿔놓는다. 둘이 함께 걸어오던 길 위에 아이가 태어나면, 삶은 그 아이를 중심으로 재배치된다. 하지만 그 변화는 항상 평등하지 않다. 아빠는 일터로 나가고, 엄마는 집에 남는다. 자연스럽게 육아의 중심에는 엄마가 있게 된다. 아이와 함께 보내는 시간이 길어질수록, 엄마의 하루는 아이의 리듬에 맞춰 흐른다. 많은 엄마가 아이를 낳으며 자연스럽게 '내가 하던 일'에서 잠시 멈춘다. 일이 아닌 '아이'가 중심이 되는 삶. 그 선택은 때로는 기꺼이 받아들이지만, 때로는 눈물 섞인 타협이 되기도 한다.

어떤 사람은 장교가 되기 위해 4년을 준비한다. 또 어떤 사람은 자신이 원하는 분야에서 실력을 쌓고, 경력을 만들어가며 사회에서 자리를 잡아간다. 또 어떤 사람은 모든 준비를 마친 바로 그때, 인생의 또 다른 시작을 맞이한다. 바로 아이를 품는 일이다.

아내도 그랬다. 남들과 똑같이 입시를 준비했고, 필기시험과 체력 검정, 면접을 거쳐 당당히 군인의 길에 들어섰다. 20대 내내 복무하며 누구보다 성실했고, 간부로서 책임을 다해왔다. 그리고 30대에 접어들며 더 높이 올라가기 위해 준비를 했다. 진급을 위한 교육, 평판, 근무 이력. 모든 것이 하나씩 쌓여가던 시기였다.

하지만 아이를 품는 순간, 그 흐름은 멈췄다. 단순한 육아휴직이나 경력 단절의 문제가 아니었다. 시스템 속에 녹아들던 이름표가 일시적으로 사라졌고, 오롯이 '엄마'라는 이름만이 남았다. 그 이름은 너무도 소중한 것이지만, 동시에 너무도 많은 것들을 내려놓게 하는 이름이기도 했다.

임신과 출산은 한 사람의 몸을 바꾸고, 삶의 우선순위를 바꾸고, 사회에서 존재감마저 바꿔버린다. 아내는 육아를 선택한 것이 아니라, 아이에게 필요한 시기에 누군가는 곁에 있어야 했기에 '선택받은 사람'이 된다. 그 자리는 결코 당연한 것이 아니다. 누구도 대신해 주지 않았기에, 그 모든 책임은 온전히 아내의 몫이 되어버렸다.

나는 왜 이제야 알게 되었을까

내가 육아휴직을 결정하기까지, 생각보다 긴 시간이 걸렸다. 정해진

길에서 잠시 벗어나는 선택. 머릿속으로는 '지금이 아니면 기회가 없을 거야.'라고 수없이 되뇌었지만, 마음은 쉽게 따라주지 않았다. 경력에 대한 불안이 없었다면 거짓말이다. 오랜 시간 다져온 흐름에서 스스로 빠져나가는 일은 생각보다 어려웠다. 머뭇거리는 나 자신을 보며, 아내가 얼마나 많은 것들을 스스로 내려놓고 있었는지를 처음 실감했다. 결정은 분명해야 했지만, 마음은 여전히 불안정했다. 그래서 더 이해하게 됐다. 아내는 이런 선택을 아무 말 없이, 아무 설명 없이 매일 같이 해내고 있었다.

육아에 집중하다 보면 어느 순간, 스스로 멀어진 느낌이 들 때가 있다. 아이와는 가까워졌는데, 세상과는 멀어진 듯한 기분. 아내도 그랬다. 출산 후, 아이가 자라는 만큼 아내는 조용히 어떤 것들을 놓고 있었다. 어느 날, 내가 했던 일상적인 대화마저 아내에게 낯설게 느껴졌다. 육아라는 울타리 안에서 아내는 점점 혼자였다. 그 침묵은 괜찮아서가 아니라, 말해도 달라지지 않을 거라는 익숙함 때문이었다는 걸 그제야 알았다. 그렇게 치열하게 준비해 온 삶이 멈춘 자리. 그 자리를 너무도 당연하게 '엄마'의 몫으로 여긴 것은 아니었는지. 그 자리를 인정하고, 응원하고, 함께 안아줘야 하는 사람이 바로 나였다는 것을 뒤늦게 알았다.

아내도 꿈이 있다. 아내의 인생도 여전히 현재진행형이다. 아이가 생겼다고, 엄마가 되었다고, 그 삶이 멈춰야 할 이유는 없다. 그 꿈은 잠시 멈춰 있을 뿐이다. 내가 아빠가 된 것처럼, 아내도 엄마가 되었을 뿐이다. '엄마'라는 말이 아내의 이름을 지운 건 아니다.

육아는 함께 시작했지만, 어느새 한 사람에게 쏠리기 쉽다. 특히 출산과 동시에 엄마의 시간은 아이의 시간과 겹쳐 흐른다. 누군가는 일터로 나가고, 누군가는 아이 곁에 머문다. 엄마라는 역할 때문에, 결국 삶의 속도마저 달라지게 만든다.

그래서 나는 아내의 시간이 멈춰 있다는 사실을 알아차리는 데 시간이 걸렸다. 내 속도가 익숙했던 만큼, 아내의 멈춤이 보이지 않았다. 하지만 육아는 그런 '눈치'에서 시작된다고 생각한다. 조금 늦더라도, 이제는 아내의 시간을 존중하고 기다릴 수 있다면, 아빠로서 좋은 시작을 하는 거라고 믿는다.

꼭 기억해 주었으면 한다. 육아는 혼자 하는 일이 아니라, 함께 살아내는 방식이다. 그리고 좋은 아빠가 되는 길은, 엄마의 삶을 이해하고 옆에 있어 주는 일에서부터 시작된다. 크고 대단한 도움보다, 같은 자리에서 같은 마음으로 곁에 있어 주는 일. 그 반복이 아내에게는 큰 위로가 되고, 가족 전체의 균형을 만들어준다. 육아는 누구의 희생으로 유지되는 게 아니다. 함께 감당할 수 있을 때, 그 삶은 비로소 균형을 갖게 된다.

> 육아에 바로 써먹는
> **한 - 줄 가이드**
>
> 아내의 꿈을 지지하자. 육아는 누군가의 희생이 아니라,
> 함께 살아내는 방식으로 완성된다.

육아의 절반은 보이지 않는다
겉으로 보이지 않는 육아의 깊이

육아, 보이는 게 전부가 아니다

육아휴직을 시작하고 아이들과 하루를 보내기 시작했을 때, 나는 꽤 만족스러웠다. 먹이고, 씻기고, 재우고, 병원에도 데려가는 하루가 주 양육자가 되었다는 사실이 자랑스러웠고, 그만큼 아내의 짐을 덜어냈다고 믿었다. 나는 모든 걸 하고 있다고 믿었지만, 그것이 전부는 아니었다.

아이와 하루를 보내는 건 익숙해졌지만, 왠지 계속 무언가를 놓치고 있다는 느낌이 들기 시작했다. 그러다 어느 날, 아내가 보육료 결제를 챙기는 모습을 보고 처음 알았다. 국가에서 지원되는 거라 당연히 자동으로 처리되는 줄 알았지만, 매달 직접 결제를 해야 했고, 그 과정이 있다는 사실조차 모르고 있었다. 사용되는 카드도, 시기도, 절차도 모두 아내가 자연스럽게 이어가고 있었다. 그때 처음, '내가 모르는 일이 이렇게 많구나.' 하는 생각이 들었다.

하루 대부분을 아이와 보내며 '이 정도면 충분히 하고 있다.'라고 여겼다. 아내가 출근하고, 내가 하루를 감당하고 있으니, 균형이 맞는다고 여겼다. 하지만 그것은 육아의 절반만 보고 판단한 생각이었다. 아이를 먹이고, 씻기고, 재우는 일 외에도 육아에는 수많은 작은 일들이 있다. 그 일들은 기록되지 않고, 눈에 잘 띄지 않지만, 아이의 하루를 자연스럽게 이어주는 본질적인 역할을 한다.

보이지 않아도 중요한 일들

보이지 않는 육아는 아이를 돌보는 일 중, 눈에 띄지 않지만 자주 고민해야 하는 일이다. 아이의 발달에 따라 기저귀, 컵 같은 도구들도 계속 바꿔야 했다. 작아진 옷, 민감한 피부, 바뀌는 패턴은 모두 눈에 잘 띄지 않지만 중요한 변화였다.

아이의 옷도 마찬가지다. 날씨가 바뀌면 옷장 속을 꺼내 계절에 맞게 다시 정리해야 한다. 아직 안 맞는 옷, 너무 얇은 옷, 작아진 속옷과 내복. 게다가 아이의 피부는 민감해서 재질, 고무밴드의 조임, 목뒤 상표 하나까지 신경 써야 한다. 이런 준비는 매일 하지는 않지만, 사소한 것을 놓치면 아이는 하루 종일 불편해한다.

예방접종이나 건강검진도 단순히 병원에 데려가는 일로 끝나지 않는다. 접종 전에는 열이 날 가능성, 동시 접종 여부 등을 미리 고민해야 한다. 건강검진이 가까워지면 아이의 발달 상태를 살펴야 한다. 한 글자 한

글자 체크리스트를 채워나가는 일이 단순한 일이 아니란 걸 옆에서 본 뒤에야 실감했다.

 어린이집 생활도 단순한 등·하원으로 끝나지 않는다. 아이가 오늘 어떤 놀이를 했는지, 어떤 반응을 보였는지, 친구들과 잘 지내는지, 선생님과는 어떤 분위기였는지를 짧은 인사나 가방 속 물건, 알림장 같은 단서로 파악해야 한다. 하루 중 있었던 일들을 아이가 말해주지 않기 때문에 작은 변화도 놓치지 않고 살펴야 한다. 그런 관찰을 바탕으로 아이의 생활을 조율하고, 필요할 땐 선생님이나 다른 부모와 소통한다. 이런 일들은 단순해 보이지만, 실제로는 아이의 신체 변화와 발달 속도를 세심히 관찰하고 조정하는 과정의 연속이다.
 이처럼 육아에는 눈에 잘 띄지 않는 일이 많다. 하지만 그 일들은 단지 '한 번 챙기면 끝나는 일'이 아니다. 육아는 익숙해진 다음에도, 계속 반복해서 점검하고 다시 해내야 하는 일의 연속이었다.

 기저귀만 해도 그렇다. 어느 날 문득 아이 몸에 자국이 생기고 나서야 지금 쓰는 제품이 작아졌다는 걸 알게 된다. 단계가 바뀔 때마다 흡수력, 재질, 사이즈를 다시 확인하고 같은 브랜드라도 제품마다 미세하게 달라 아이에게 맞는 걸 새로 찾아야 한다.
 이유식도 마찬가지다. 초기, 중기, 후기, 완료기로 넘어가면서 숟가락,

그릇, 컵 같은 도구들도 아이의 발달에 맞춰 바꿔야 했다. 입에 들어가는 촉감 하나에도 거부 반응이 생길 수 있어서 아이가 어떻게 반응하는지를 매번 살피고 조정해야 했다. 이런 일들은 겉보기엔 단순해 보이지만, 사실은 아이의 신체 변화와 발달 속도를 놓치지 않기 위한 끊임없는 관찰과 반복 위에서 이루어진다. 그걸 매일 감당해 온 사람이 바로 아내였고, 나는 그 반복의 무게는 보지 못한 채, 겉으로 드러난 부분만 보고 있었던 셈이다.

조금씩 알아가는 아빠의 시간

나는 이제 그런 일들이 얼마나 많았는지를 조금씩 실감하고 있다. 그리고 예전보다 더 많이 묻는다. 오늘은 무엇을 바꿔야 할까? 이 옷은 아직 입혀도 될까? 아이는 오늘 어떤 놀이를 했을까? 그런 질문을 아내와 하나씩 주고받으며, 내가 미처 몰랐던 '보이지 않는 육아'의 세계로 조금씩 발을 들이고 있다.

완벽한 역할 분담은 없다. 누가 무엇을 더 많이 했는지 따질 수도 없다. 하지만 서로의 마음을 알고 나면 행동이 달라진다. 아내가 감당해 온 시간의 무게를 뒤늦게나마 이해하고 나서야, 나는 육아를 새롭게 바라보게 되었다.

육아는 겉으로 드러나는 일만으로 판단할 수 없다. 그 안에는 묵묵히 채워온 시간과, 누구도 대신할 수 없는 감정의 노동이 있다. 그래서 이제는 내가 할 수 있는 일을 찾는다. 아직 익숙하지 않은 일에는 미안한 마음이 들지만, 지금 내가 할 수 있는 일은 놓치지 않으려 한다.

> **육아에 바로 써먹는 한-줄 가이드**
>
> 겉으로 드러나는 행동만으로는 육아를 다 했다고 할 수 없다.
> 보이지 않는 책임까지 바라보는 감각이 필요하다.

지금 말고, 길게 보자
모든 걸 반으로 나눌 수는 없다

육아는 분담이 아니고 조율이다

아이를 낳고 부모가 된다는 건, 앞으로의 삶을 완전히 새롭게 구성하는 일이다. 출산은 끝이 아니라 시작이다. 눈앞에 아이가 있고, 그 아이의 하루를 설계해야 할 책임이 생긴다. 그러나 누구도 이 과정을 위한 설계도를 미리 갖고 있는 사람은 없다. 육아는 언제나 '처음'이고, 늘 예상 밖의 일들로 가득하다.

육아를 시작하면서 누구나 생각한다. 잘 나눠서 하면 괜찮을 거라고. 수유는 엄마, 기저귀는 아빠, 낮잠은 돌아가면서 맡으면 부담을 줄일 수 있을 거라 믿는다. 하지만 아이가 태어나고 나면 금세 깨닫게 된다. 육아는 사전에 정해놓은 도면대로 흘러가지 않는다.

계획은 늘 현실 앞에서 수정된다. 밤새 안 자는 아이, 갑자기 열이 오르는 날, 이유 없이 보채는 시간. 그때마다 나누었던 역할은 사라지고,

오직 '지금 가능한 사람이 해야 하는 일'만 남는다. 그제야 육아는 반으로 깔끔히 나눌 수 있는 일이 아니라는 사실을 알게 된다.

육아는 싱크로나이즈드 다이빙이 아니다. 정확히 같은 타이밍에 뛰어들고, 똑같은 모양으로 수면을 가르는 일처럼 보일 수는 없다. 같은 리듬을 맞추는 것이 이상적으로 보이겠지만, 현실은 다르다. 부모가 마주한 환경과 체력, 감정, 일과 시간은 다 다르기 때문이다.

육아는 동시에 맞춰 움직이는 협업이 아니라, 시차를 두고 조율해 가는 과정이다. 완벽한 동기화보다 중요한 건, 서로의 상황을 이해하고 리듬을 맞추어가는 감각이다. 어떤 날은 한쪽이 더 많이 감당하고, 어떤 날은 멈춰서 기다려주는 일. 이 차이는 비교가 아니라 조율로 해결해야 한다.

하루를 넘어 삶을 함께 그리는 일

아이의 수면과 식사, 놀이 루틴은 육아의 기초 설계다. 하루를 어떻게 보낼 것인지 정하고, 반복되는 패턴 속에서 아이는 안정을 찾는다. 하지만 하루의 반복만으로는 가족의 삶이 완성되지 않는다. 육아는 더 긴 여정이다. 함께 설계해야 하는 건 단순한 일정표가 아니라, 가족이 지속적으로 잘 살아가기 위한 구조다. 예를 들면, 누가 언제 쉴 수 있는지를 정하는 것. 아빠가 매일 퇴근 후 바로 육아에 투입된다면, 아빠의 휴식은 언제일까. 엄마가 하루 종일 아이를 보며 지냈다면, 그 피로를 어떻게 해소할 수 있을까. 이는 단순히 '순번'을 정한다고 해결될 문제가 아니다. 서로의 한계와 필요를 이해한 뒤, 주어진 조건 안에서 맞춰가는 것이 설계의 시작이다.

육아의 전환점은 더욱 중요하다. 아이가 이유식을 시작하거나, 유아식으로 넘어가는 시기, 처음 어린이집에 보내는 날, 엄마가 복직을 앞둔 때, 이 시기마다 다시 설계가 필요하다. 새로운 리듬을 어떻게 만들 것인지, 누가 무엇을 감당할 수 있을지를 논의하고, 준비해야 한다. 아이의 성장과 발달에 맞춰 가족의 생활 구조도 함께 조정되어야 한다.

설계는 단기적인 효율이 아니라 긴 호흡의 시선을 요구한다. 지금은 편한 선택이 나중에 어떤 영향을 줄 수 있을까. 아이가 부모 중 누구에게 더 의존하게 되는 구조는 아닌지, 특정 역할이 고정되는 건 아닌지, 가족 전체의 건강한 흐름을 바라보는 감각이 필요하다.

내가 주 양육자가 되어 본격적으로 육아를 하면서, 이전에는 보지 못했던 것들이 보이기 시작했다. 등원 준비를 하며 알림장을 확인하고, 준비물을 챙겨야 하는 날이었다. 나는 어떤 준비물을 챙겨야 하는지 감이 없었고, 무엇을 어디에 넣어야 하는지도 몰랐다. 그제야 아내가 매일 밤 알림장을 확인하며, 내일의 일정에 맞춰 옷을 고르고 가방을 정리하던 모습이 떠올랐다.

사소한 일이지만, 그 사소함을 계속 감당해 온 사람에게는 결코 가벼운 일이 아니다. 똑같은 하루를 보내면서도, 부모는 각자의 방식으로 하루를 완성한다. 한 사람은 아이의 루틴을 중심으로 시간을 설계하고, 다른 한 사람은 가사나 생계를 중심으로 하루를 꾸려간다. 그래서 같은 날을 살고도, 완전히 다른 피로를 안고 하루를 마무리하게 되는 것이다.

주말에 충돌하는 부부의 대화는 이런 차이를 단적으로 보여준다. 아빠는 평일의 피로를 이유로 '쉬고 싶다.'라고 말하고, 엄마는 혼자였던 평일을 생각하며 '같이 있어 달라.'라고 말한다. 어느 쪽이 더 옳다고 할 수 없다. 다만 이 두 피로가 서로 다르다는 점을 이해해야 한다. 이 차이를 이해하지 못하면, 설계는 항상 어긋난다. 상대방이 어떤 시간을 보내고 있는지를 아는 것. 설계는 그 이해에서 시작된다.

함께 설계한다는 것의 의미

함께 설계한다는 것은 역할을 정확히 나누는 일이 아니다. 오히려 반대로, 서로가 감당할 수 있는 것들을 유동적으로 맞춰가는 일이다. 누가 더 많이 했는지를 따지는 것이 아니라, 지금 누구의 도움이 더 필요한지를 바라보는 시선이다. 어떤 날은 한 사람이 앞장서고, 다른 날은 한발 물러선다. 중요한 건 균형이 아니라, 방향성이다.

이유식을 시작할 때 누가 메뉴를 정할지, 아이가 감기 기운이 있을 때 누가 병원에 데려갈지를 미리 정해두는 것이 아니라, 상황에 따라 유연하게 조율해 나가는 것이다. 현실은 언제나 변하기 때문이다.

그리고 이 설계는 정지된 도면이 아니다. 아이가 자라는 만큼, 부모의 삶도 계속 바뀐다. 돌이 지나면, 복직 시기가 다가오고, 어린이집 일정이 달라지고, 하루의 리듬도 다시 조정된다. 육아는 한 번의 설계로 끝나는 게 아니라, 매일 수정해야 하는 구조다. 그래서 '함께 설계한다.'라는 말은 결국 '계속 함께 고민한다.'라는 뜻과 같다.

육아는 가족이라는 공동체를 함께 짓는 일이다. 육아 설계에는 정답이 없다. 계획한 대로 되지 않아도 괜찮다. 중요한 건 같이 그려나가는 마음이다. 한 사람만의 그림이 아닌, 서로의 시간과 감정을 담은 도면. 그 위에 가족의 하루가 쌓여간다.

육아는 정확히 반으로 나눌 수 있는 일이 아니다. 그렇기에 '같이 한다.'라는 말은 함께 시간을 쓰고, 함께 조정하고, 함께 유연해지는 감각에서 출발한다. 시작은 서툴 수 있다. 하지만 같은 방향을 바라보고 있다면, 조금 늦게 맞춰가도 괜찮다. 아이는 부모가 서로를 이해하려는 그 마음 안에서 가장 편안해진다.

그리고 그 마음이 쌓일수록, 육아는 누군가의 희생이 아닌, 함께 만들어가는 여정이 된다.

> 육아에
> 바로 써먹는
> **한 - 줄**
> **가 이 드**
>
> 모든 것을 반씩 나누려 하지 말고, 각자의 조건에서 조율하자.
> 육아는 함께하지만 싱크로나이즈드처럼 똑같을 수는 없다.

같이 가야 멀리 간다
같이 있지만 외로운 날, 마음의 거리를 좁히는 법

함께인데 외로운 날이 있다

"함께한다는 것은 단지 역할을 나누는 것이 아니라, 서로의 감정과 경험을 공유하며 동행하는 것이다." 정신과 전문의이자 육아빠인 정우열 작가의 말이다. 이 문장은 육아를 바라보는 핵심적인 관점을 잘 보여준다.

함께한다는 건 단순히 집안일이나 육아 업무를 일정 비율로 나누는 것을 뜻하지 않는다. 오히려 같은 시간을 살아가는 사람으로서, 그 안에서 느끼는 감정과 겪는 경험을 함께 나누는 것을 의미한다. 육아는 물리적 노동의 분담으로만 해결되지 않는다. 감정이 단절된 상태에서는 아무리 함께해도 '함께하는 것'이라 느껴지기 어렵다. 그래서 육아는 누가 무엇을 했느냐보다, 그 시간 동안 서로에게 얼마나 연결되어 있었는지가 더 중요하다.

아빠가 된다는 건, 눈앞에 놓인 일을 하나씩 해내는 것처럼 보일 수 있다. 기저귀를 갈고, 분유를 타고, 아이를 목욕시키고, 잠자리에 눕히는 일. 처음에는 그것이 전부라고 생각했다. 하지만 시간이 지날수록, 같은 일을 해도 아내와의 사이가 멀어질 수 있다는 걸 알게 되었다. 육아는 일을 나누는 것으로 끝나지 않았다. 서로의 하루를 이해하고 감정을 나누지 않으면, '함께한다.'라고 말하기 어렵다는 걸 알게 되었다.

언제나처럼 아내는 출근했고, 나는 아이들과 하루를 보냈다. 아내는 아침 등원 준비를 함께했고, 퇴근 후에는 저녁을 먹이고, 목욕시키고, 아이들을 잠자리에 눕히기까지 분명 함께했다. 겉보기엔 역할 분담도 잘 되었고, 해야 할 일도 모두 해낸 하루였다. 이상하게도 몸보다 마음이 더 지쳐 있었다. '같이 했다.'라는 느낌보다, '혼자였다.'라는 생각이 먼저 들었다. 무엇이 힘들었는지, 어떤 순간이 고됐는지, 누구에게도 말하지 못한 채 하루가 끝나 있었다.

몸은 분명히 함께였지만, 마음은 어딘가 따로 움직이고 있었다. 아마도 서로의 감정을 바라보지 못한 채 하루를 보냈기 때문이었다. 누구도 잘못한 건 없지만, 누구의 감정도 제대로 마주하지 않은 하루였다.

마음을 맞추는 일이 더 어렵다

심리학에서는 이런 상태를 '정서적 동조'라고 부른다고 한다. 같은 공간에서 시간을 보내더라도 서로의 감정을 인식하고 반응하지 않으면 그 시간은 함께 보냈다고 말하기 어렵다. 감정을 읽고 가볍게 반응해주는 것만으로도, 상대는 함께 있다는 느낌을 받는다. 그렇지 않으면, 같은 하루를 살아도 전혀 다른 길을 걸은 것처럼 느껴진다.

육아를 함께한다는 건 운전석과 조수석에 앉은 것과 비슷하다. 같은 차를 타고, 같은 목적지를 향하지만 서로 다른 풍경을 보게 된다. 운전석에 앉은 사람은 전방과 계기판, 내비게이션을 본다. 조수석에 앉은 사람은 창밖의 풍경과 뒷좌석 아이의 움직임을 본다. 같은 시간, 같은 공간에 있어도 각자 바라보는 것은 다르다. 육아도 마찬가지다. 함께하고 있어도, 서로 다른 풍경을 바라볼 수 있다. 육아는 시간을 맞추는 것보다 마음을 맞추는 일이 훨씬 더 어렵다.

아이를 키우는 하루는 반복의 연속이다. 같은 시간표로 움직이고 같은 일과가 반복되지만

감정은 날마다 다르다. 아침부터 아이가 울음을 터뜨린 날은 하루가 두 배로 길게 느껴진다. 밤에 잠을 제대로 못 잔 날은 작은 소음에도 짜증이 올라온다. 이런 날 감정을 나누지 않으면, 상대는 그 마음을 알 수 없다. 육아의 피로는 행동보다 감정에서 먼저 쌓인다.

내가 육아를 하며 가장 많이 놓치고 있었던 부분도 이 지점이었다. 하루를 분담해 잘 해냈다고 생각했지만, 그 하루를 어떤 기분으로 보냈는지를 나누지 않으면 서로 다른 하루를 보낸 것처럼 느껴졌다. 그때부터

는 일을 나누는 것만으로는 부족하다는 걸 실감했고, 조금씩 감정을 나누는 연습을 시작하게 되었다.

함께 살아가는 동료다

처음엔 저녁 식사 중 짧은 이야기부터 시작했다. 아이가 몇 번 울었는지, 오늘은 낮잠을 잘 잤는지, 이유식은 잘 먹었는지. 이야기를 나누다 보면 자연스럽게 그날의 기분도 함께 따라왔다. 피곤한 날은 대화가 짧아도, 서로의 감정을 조금이라도 공유하고 있다는 사실만으로 혼자였다는 느낌은 조금 줄어들었다. 시간이 지날수록 분명해졌다. 배려는 내가 생각하는 방식이 아니라, 상대가 필요로 하는 방식에 맞춰야 한다는 것이었다. 내가 잘했다고 믿는 것보다, 상대가 어떻게 받아들이느냐가 더 중요했다. 도움은 추측이 아니라 확인에서 시작되고, 진짜 배려는 묻고 반응하는 태도에서 완성된다.

감정을 공유한다는 건 꼭 말을 많이 해야 하는 건 아니다. 표정, 말투, 반응만으로도 서로의 상태를 알 수 있다. 함께 있다는 건, 반드시 많은 대화를 나누거나 감정을 드러내야 한다는 뜻은 아니다. 감정을 알아차리고 그 상태를 존중하려는 태도가 진짜 시작이다. 꼭 묻거나, 꼭 답하지 않아도 괜찮다. 다만 오늘 하루를 함께 살았다는 감각을 놓치지 않으려는 노력이 관계를 유지한다.

육아는 감정의 거리까지 좁히는 일이다. 하루에 한두 마디, 짧은 공감,

사소한 반응이 쌓이면서 서로를 향한 신호가 생긴다. 잘하려는 마음보다 함께 살아가려는 태도가 더 중요하다는 걸 매일 조금씩 배워간다. 아이를 키우는 동안 우리는 부모이면서, 서로의 짐을 함께 드는 동료이기도 하다.

> **육아에 바로 써먹는 한-줄 가이드**
>
> 함께하는 삶은 특별한 이벤트가 아니라 매일의 존중이다.
> 반복되는 일상 안에서 함께 숨 쉬어라.

서로의 시간을 존중하자
서로의 여백을 인정할 때, 가정의 균형이 시작된다

누구에게나 여백은 필요하다

얼마 전 내가 올린 릴스 영상 하나가 750만 뷰를 넘겼다. 영상의 주제는 '자유부인.' 세쌍둥이가 잠들기 전, 아내가 모임에 나서고 나 홀로 네 아이와 남겨진 어느 날의 모습을 담은 영상이다. 별다른 연출 없이, 아내가 외출을 준비하는 모습과 아이들의 마지막 케어를 마치고 아빠가 자리를 지키는 일상이 전부였다. 그럼에도 영상에는 "저게 바로 우리 집 이야기다.", "진짜 자유부인은 너무 짧다."라는 댓글이 이어졌다. 웃음과 현실이 겹쳐 있는 반응이었다.

많은 사람들이 '자유부인'이라는 말에 반응했다. 이 단어는 원래 1950년대 유행한 영화 제목에서 시작됐다. 당시엔 부정적인 의미로 사용되기도 했지만, 지금은 전혀 다르다. 육아에서 잠시 벗어나 자신의 시간을 갖는 엄마의 모습. 그 짧은 외출에 '자유'라는 말을 붙일 수밖에 없는 현실이 바로 지금의 '자유부인'이다. 이 단어가 지닌 시대적 아이러니와 웃을 수도 울 수도 없으면서도 절실한 감정이 콘텐츠에 공감을 더하며 대중적인 키워드로 자리 잡았다.

 육아는 구조적으로 두 사람의 시간을 제한한다. 아이가 태어나면 하루의 중심이 바뀐다. 식사와 수면, 외출의 리듬까지 모두 아이를 기준으로 재편된다. 부모의 일상은 아이의 컨디션에 따라 흔들리고, 계획은 매번 바뀐다. 자연스럽게 개인의 시간은 점점 줄어든다. 그런데 같은 육아라고 해도, 누가 아이와 더 많은 시간을 보내느냐에 따라 '개인 시간'은 달라진다.

 아빠는 출근을 한다. 출근길, 회의 중간, 점심시간, 퇴근길 같은 작고 다양한 구간에서 자신의 리듬을 되찾는다. 업무 중간에 커피 한잔을 마시거나, 잠시 휴대전화를 보는 시간처럼 소소한 일상도 결국 '자신의 시간'이다. 하지만 아이와 하루를 함께 보내는 사람은 다르다. 조금 전 밥을 먹이고, 이제 막 기저귀를 갈고, 겨우 재웠다 싶으면 다시 깨는 사이클 안에서 하루를 보낸다. 같은 공간에서, 같은 리듬을 반복하며 쌓이는 피로는 다르다. 이 반복은 아이에게 안정감을 주지만, 돌보는 사람에게는 끊임없는 긴장이다.

 그래서 육아를 하는 사람에게 필요한 건 거창한 휴식이 아니다. 매일 필요한 시간도 아니다. 잠시라도 나만의 여유 되찾을 수 있는 시간. 다음 일정을 고민하지 않아도 되는 시간. 누구의 요청도 듣지 않아도 되는 단 몇 분. 그 몇 분이 쌓이면 다시 아이에게 웃을 수 있는 여유가 생긴다. 다시 말을 걸고, 안아줄 수 있는 여력이 생긴다. 육아의 체력을 보충해 주는 건 오히려 이런 틈틈이 휴식이다. 그 시간은 멀리 떠나는 여행이 아니어도 괜찮다. 중요한 건 그런 시간이 허용된다는 신호를 받는 것이다.

존중은 돌아온다

그날 아내도 마찬가지였다. 짧은 외출이었지만, 돌아온 아내의 표정은 조금 더 편안해 보였다. 웃음이 더 많아졌다거나, 표정이 달라졌다는 말은 아니다. 단지 아이 옆에 앉아 있는 몸짓이 조금 더 부드러워졌다는 느낌이었다. 그리고 나와는 오랜만에 육아가 아닌 이야기로 대화를 나눴다. 아이를 키우는 부부로서가 아니라, 하나의 사람으로 마주한 시간이었다. 그 짧은 시간이 있었기에 그날 밤은 이전보다 더 부드럽게 흘러갔다.

자유부인이 가능해지려면 누군가는 그 자리를 지켜야 한다. 누군가가 마음 편히 다녀올 수 있도록 아이를 맡고, 집을 지킨다. 그 자리가 고단하다는 걸 알면서도, 그 자리를 대신해 주는 사람이 있어야 다른 사람은 자신만의 시간을 가질 수 있다. 육아는 결국 이 교대의 연속이다. 단지 아이를 돌보는 것이 아니라, 아이 곁을 잠시 떠난 사람이 안심할 수 있도록 돕는 일이다. 그러려면 서로가 상대의 필요를 인정해야 한다. 그것이 존중이다.

각자의 시간을 존중하는 일은 하루를 반으로 나누는 것과 다르다. 오전은 누구, 오후는 누구, 식사는 번갈아. 이런 구조도 필요하지만, 더 중요한 건 서로의 필요를 감지하고 유연하게 반응하는 감각이다. 어떤 날은 아빠가 더 많이 감당하고, 어떤 날은 엄마가 더 오래 아이 곁에 남는다. 중요한 건 그 흐름 안에 서로의 여백을 마련해주는 일이다.

아빠가 혼자 있는 시간이 소중하듯, 아내도 혼자 있는 시간이 필요하다. 아이 곁에 있는 시간이 길수록, 그 여백은 더욱 중요해진다. 누구나 자기만의 호흡이 있어야 오래 버틸 수 있다. 무언가를 해야 하는 시간이 아니다. 오히려 아무것도 하지 않아도 되는 시간이다. 그 자체가 회복이고 충전이다.

가정은 하루를 반으로 나누어 운영하는 시스템이 아니다. 함께 움직이면서도, 서로의 흐름을 이해하고 조율하는 구조다. 아이를 돌보는 일도, 아이와 떨어져 있는 시간도, 모두가 필요하다. 그리고 그 시간을 어떻게 나누느냐보다, 서로의 감정을 얼마나 이해하느냐가 더 중요하다.

아내의 시간을 존중하면, 나의 시간도 자연스럽게 따라온다. 굳이 말로 요청하지 않아도, 아내는 내가 나만의 시간을 가질 수 있도록 배려해준다. 무언가를 요구하거나 타협을 끌어내기보다, 먼저 존중을 보여주는 사람이 오히려 더 쉽게 자신의 시간을 가질 수 있다. 아내가 웃고, 여유가 생기면, 집안의 분위기도 부드러워진다. 그 속에서 나의 여유도 생긴다.

개인 시간은 사치가 아닌 필수다. 부모가 자신을 유지할 수 있는 최소한의 기반이다. 아이에게 웃으며 다가갈 수 있는 마음의 거리이기도 하다. 그리고 그 여유는 누군가의 희생이 아니라, 서로에 대한 이해에서 비롯된다. 처음에는 어렵다. 시간은 부족하고, 할 일은 넘친다. 하지만 아주 짧은 순간이라도 서로의 필요를 인정하고 배려하는 집은, 서서히 균형을 찾아간다.

> 육아에 바로 써먹는
> **한 - 줄 가이드**
>
> '나만의 시간'을 요구하기 전에, 서로의 시간부터 살펴보라.
> 그 존중이 지속 가능한 부부를 만든다.

든든한 육아 동지를 만들자
누군가와 연결될 때, 육아는 덜 외로워진다

혼자보다 함께, 육아를 버티는 힘

자전거를 혼자 타는 것도 괜찮다. 혼자면 속도도 빠르고, 방향도 마음대로 정할 수 있다. 하지만 둘이 함께 타면 그 안에 이야기가 생긴다. 속도는 조금 느려질 수 있지만, 그만큼 풍경을 볼 수 있다. 육아도 비슷하다. 혼자 할 수는 있다. 하지만 함께할 때 덜 지치고, 더 오래간다.

첫째를 키우던 시절, 누군가를 만나는 것이 불편했다. 코로나 시국이기도 했고, 무엇보다 내가 육아에 대해 아는 게 거의 없었다. 밖에서 누구를 만나 이야기하는 일 자체가 어렵게 느껴졌다. 말할수록 내 부족함이 드러나는 것 같아 대화가 점점 더 불편해졌다. 낯선 사람을 만나는 일은 더더욱 꺼려졌다. 굳이 그렇게까지 할 필요가 있을까 싶었다. 그래서 대부분의 시간은 가족 안에서, 그리고 나 혼자서 버텨냈다.

하지만 세쌍둥이를 준비하면서는 생각이 달라졌다. 육아에 자신감도 있었고 다른 가족들은 어떻게 생활하는지 궁금했다. 아이가 하나일 때는 어느 정도 예측이 가능했다. 하지만 세 명이 동시에 울고, 동시에 안아달라고 할 때는 그 어떤 준비도 소용없었다. 그럴 때마다, '다른 집은 어떻게 하지?'라는 생각이 절로 들었다. 해답이 필요한 게 아니라, 그 상황을 이해하는 사람이 필요했다. 특별한 조언이 아니어도 괜찮았다. 같은 상황을 겪고 있다는 말 한마디만으로도 마음이 놓였다.

정보보다 공감이 필요할 때

육아는 많은 정보를 아는 것보다, 마음을 나눌 수 있는 사람이 곁에 있는지가 더 중요하다. 지금은 육아 정보를 얻기 쉬운 시대다. 인터넷 검색만 해도 수면 교육, 이유식 방법, 발달 표 같은 내용들이 무수히 쏟아진다. 영상도 많고, 책도 많다. 전문가들의 조언도 넘쳐난다. 하지만 그런 정보들로는 해결되지 않는 것이 있다. 새벽 두 시, 세 아이가 번갈아 깨어 울 때. 이유도 모르겠고, 어떻게 해야 할지도 막막할 때. 그런 순간에 필요한 건 정보가 아니라 공감이다. 누군가도 그 시간을 겪었고, 버텼다는 사실이 더 큰 위로가 된다.

세쌍둥이를 키우며 자연스럽게 누군가를 만날 여유는 많지 않았다. 그래서 일부러 시간을 내 가족 단위 모임에 참석했다. 아이들과 함께하는 일정은 쉽지 않았지만, 그만큼 얻는 것도 많았다. 대부분은 비슷한 또래 아이를 키우는 부모들이었고, 처음에는 형식적인 인사만 오갔지만, 시간이 지날수록 마음이 열렸다. 밤새 아이가 울어 힘들었다는 말에 고개를 끄덕여주는 사람이 있었고, 이유식을 준비하며 겪은 혼란을 나누면 자연스럽게 공감이 오갔다. 해결책을 기대하고 나간 자리는 아니었지만, 같은 시간을 지나고 있는 사람들이 모였다는 것만으로도 큰 위로가 되었다.

이런 관계를 통해 얻는 것은 단지 정보만이 아니다. 오히려 감정적인 안정이 더 크다. 마음의 여유가 생긴다. 처음 육아를 시작했을 땐 모든 것이 조급했다. 이 시기에 뭘 먹여야 하는지, 언제부터 어떤 장난감을 써야 하는지, 다른 아이들과 비교하면서 늘 불안했다. 하지만 공동육아를 경험하면서부터는 생각이 바뀌었다. 정답이 아니라 흐름을 따르는 것이 더 중요하다는 걸 알게 되었다. 다른 가족들 역시 시행착오를 겪고 있다는 걸 보며, 나만 그런 게 아니라는 데서 위안을 얻었다.

육아 동지는 전문가가 아니다. 육아를 대신해 주는 사람도 아니다. 함께 겪고 있는 사람이다. 같은 시기, 비슷한 환경 속에서 비슷한 어려움을 겪고 있는 사람. 그런 사람과의 대화는 공감이라는 선물을 준다. 정답을 말해주는 사람보다, 함께 고민해 주는 사람이 더 위로된다. 누군가의 말에 위로받고, 나의 말을 누군가가 귀 기울여 들어주는 경험은 육아의 피로를 덜어주는 데 큰 도움이 된다.

마음을 헤아려주는 관계

누군가는 사람을 만나는 걸 피한다. 피곤해서, 불편해서, 어색해서. 나도 그랬다. 첫째를 키울 때는 육아도 버겁고, 관계도 버거웠다. 지금은 아니다. 누군가를 만나는 일이 오히려 힘이 되어준다. 육아는 계속 반복되는 일상의 연속이다. 그 안에서 같은 시간을 보내고 있는 누군가와 연결되는 것은, 단순한 만남 이상의 의미가 있다. 짧은 만남이라도 같은 시기를 겪는 이들과 맺는 관계는 오래간다.

한편으로는 조심해야 할 관계도 있다. 육아를 가볍게 여기거나, 진심 없이 조언만 던지는 사람들. 위로보다 비교를 먼저 하는 사람들. 그런 사람들과의 대화는 오히려 지친 마음에 상처를 남긴다. 육아는 누구의 잘잘못을 따지거나, 잘하고 못하는 사람을 나누는 일이 아니다. 그래서 더욱 서로의 마음을 헤아려주는 관계가 중요하다.

아이도 친구를 만나야 하지만, 부모도 관계를 만들어야 한다. 같은 방향을 보고 걸어가는 사람을 피하지 말아야 한다. 처음엔 불편하고, 어색하고, 말이 쉽게 나오지 않아 피곤할 수 있다. 하지만 그 문턱을 넘으면 뜻밖의 위로가 기다리고 있다. 누군가의 말이 아니라, 표정 하나로도 위로받을 수 있다.

육아는 혼자서 하는 일이 아니다. 그리고 완벽하게 나누어지는 일도 아니다. 육아 동지는 가족 안에만 있지 않다. 병원에서 마주친 가족, 동네에서 함께 걷는 부모, 온라인에서 만난 부모 모두 육아 동지가 될 수 있다. 중요한 것은 얼마나 가까운 사이냐가 아니라, 얼마나 같은 마음이냐 이다. 정보는 책에서 배우고, 방법은 인터넷에서 찾지만, 버티는 힘은 관계에서 나온다. 육아는 결국 마음으로 견디는 일이다.

육아에 바로 써먹는 한-줄 가이드

> 육아 정보를 찾기 전에 사람을 찾자.
> 함께 울고 웃을 수 있는 동지가 곁에 있는지가 더 중요하다.

기억에 남을 순간을 쌓아 가자
특별한 하루보다, 평범한 오늘을 기억하며

사라지는 장면들, 기억되는 감정들

아이는 하루에도 몇 번씩 쪽쪽이를 찾았다. 입을 벌리고 손을 흔들며 기다렸다. 입에 물려주면 잠잠해졌고, 분유를 타서 젖병을 물리면 바닥에 드러누운 채 먹기도 했다. 기어다니던 시절엔 소리가 먼저 들렸다. 작은 손이 바닥을 두드리며 방을 가로질러 오는 소리가 들리면 반사적으로 손을 내밀었다. 그렇게 하루는 정신없이 지나갔다.

어느 날 아침, 침대 옆에 쪽쪽이가 놓여 있는 게 눈에 들어왔다. 며칠째 건드리지 않은 채 그대로였다. 아이는 더 이상 쪽쪽이를 찾지 않았다. 밤중 수유도 자연스럽게 사라졌고, 젖병을 입에 문 채 잠들던 모습도 보이지 않았다. 기어다니던 아이는 이제 내 옷자락을 붙잡고 서 있었다. 매일 반복되던 장면이 그렇게 사라졌다. 내가 아는 아이의 모습이 조금씩 바뀌고 있었다.

아이가 자란다는 건 새로운 걸 배우는 일인 동시에, 더는 볼 수 없는 장면이 생겨나는 일이기도 하다. 그 시절엔 그저 버티는 데 급했다. 하루를 살아내는 것만으로도 충분했다. 그런데 지금 떠오르는 것은 그때의 얼굴, 표정, 몸짓 하나하나이다. 침대 밑에 떨어진 쪽쪽이를 찾느라 허둥대던 순간, 기저귀를 갈기 위해 아이를 똑바로 눕히려 애쓰던 동작, 분유 온도를 확인하려 손등에 몇 방울 떨어뜨리던 습관까지. 그 모든 순간은 다시 돌아오지 않는다.

지금은 몰라도, 언젠가는 알게 되는 하루

육아는 계속해서 바뀐다. 어제 했던 행동이 오늘은 하지 않는다. 하루하루가 비슷해 보여도 같은 하루는 없다. 그제야 하루하루를 함께 살아낸다는 것이 어떤 의미인지 알게 된다. 특별한 날보다, 그런 하루가 더 오래 마음에 남는다.

첫째 아이가 태어나기 전, 임신 기간의 시간을 가볍게 여겼던 적이 있다. 출산 이후에도 내 생활은 크게 달라지지 않을 거로 생각했다. 그래서 아내와 단둘이 있을 수 있었던 시간의 소중함을 미처 몰랐다. 지금 돌아보면, 그 시절이 참 귀했다. 육아는 나중에야 알게 되는 것들이 참 많다. 그때는 그 하루가 힘들게만 느껴졌는데, 시간이 지나면 그 하루가 얼마나 특별했는지를 알게 된다.

임신 기간은 부부가 서로를 이해하고, 쉴 수 있는 마지막 시간이다. 아내와 함께 늦잠을 자고, 느긋하게 아침을 먹고, 카페에 들러 커피를 마셨던 평범한 날이 지금은 특별한 기억으로 남아 있다. 그 시기의 여유는 단지 휴식이 아니라, 앞으로 육아라는 긴 여정을 버티게 해준 첫 번째 에너지였다. 그리고 지금의 하루도 마찬가지다. 육아가 힘겨운 날에도, 아이와 보낸 이 시간을 언젠가 내게 가장 선명한 기억이 될 거란 걸 안다.

아빠가 된 이후로, 하루하루가 익숙하면서도 다르다. 기저귀를 가는 일, 밥을 먹이는 일, 아이를 안아 재우는 일. 똑같아 보이지만 같은 하루는 없다. 아이의 표정, 울음, 잠드는 모습이 매일 달라진다. 그런 하루를 몇 년간 반복하다 보면, 나도 몰랐던 감정이 쌓인다. 처음엔 서툴고 낯설었지만, 지금은 익숙하다. 하지만 익숙하다는 말은 또, 어느 순간 그것이 사라질 수도 있다는 뜻이기도 하다.

지금 당장은 같은 하루가 계속되는 것처럼 보인다. 아이는 늘 곁에 있고, 내가 돌보는 시간도 익숙하다. 하지만 어느 날 문득, 눈앞의 장면이 낯설게 느껴질 때가 있다. 잠든 아이의 얼굴을 오래 들여다보게 되고, 웃는 표정을 한참 바라보다가 멈추게 된다. 늘 반복되던 장면인데도, 이 모습이 언젠가 사라질 수 있다는 생각이 문득 스친다. 그제야 지금이 얼마나 빠르게 지나가고 있는지 실감한다.

육아는 매일 조금씩 작별하는 일이다. 어제를 남겨두고 오늘을 맞이하는 일. 처음에는 함께 있던 시간이 버거웠지만, 점점 그 시간이 줄어들수록 마음이 허전해진다. 아이는 아빠가 옆에 있는 것을 당연하게 여기지만, 그 시간이 오래가지 않는다는 것을 나는 안다. 언젠가 아이는 나를 바라보지 않고, 나 없이도 잠들 수 있게 된다. 그래서 하루하루가 더 소중하다. 지금 옆에 있는 아이의 모습은 오늘만 볼 수 있는 장면이다.

가끔은 육아가 너무 반복적이라 지루하다고 느껴질 때도 있다. 아무리 돌봐도 끝이 없는 일처럼 느껴지고, 하루의 수고가 드러나지 않는 것처럼 느껴질 때도 있다. 하지만 아이와 보낸 하루는 하나도 허투루 지나가지 않는다. 아이는 기억하지 못하겠지만, 나는 문득문득 그 장면이 떠오른다. 품에 안겨 잠들던 순간, 숟가락을 뺏으려던 손짓, 젖병을 들고 졸던 얼굴. 그땐 그저 흘러간 하루였지만, 지금은 가장 선명한 기억으로 남아 있다.

기록은 추억을 남긴다

그래서 나는 사진과 영상을 많이 남긴다. 지치고 힘들어도, 우는 얼굴과 어질러진 집안, 그 사이에서 노는 세쌍둥이의 모습까지 기록한다. 언젠가는 이 장면들도 사라질 걸 알기 때문이다. 잘 찍힌 사진이 아니어도 상관없다. 지금 이 시간이, 아빠로 살아낸 시간의 증거다.

우리가 어릴 적에는 남기지 못했던 기록들이다. 특별한 날이 아니면 사진 한 장 남기기도 쉽지 않았다. 하지만 지금은 평범한 하루도 마음만 먹으면 담아둘 수 있다. 그래서 더 남기고 싶다. 언제든 찍을 수 있어서가 아니라, 지금이 지나가면 다시는 찍을 수 없다는 것을 알기 때문이다.

기억은 언제나 평범한 하루 속에 숨어 있다. 특별한 이벤트보다, 평소 입히던 옷, 집 안에서 흘러나오던 음악, 아이가 잠든 후 불을 끄는 손짓처럼 반복되던 행동들이 더 오래 남는다. 매일 비슷해 보여도, 결국 그런 날들이 아이와 나를 부모와 자식으로 이어준다. 그건 꾸며낼 수 없는 시간이다.

돌아보면, 특별했던 날보다 평범했던 날들이 더 오래 기억에 남는다. 같은 하루처럼 보이지만, 그날그날 쌓인 시간이 지금의 나를 만들었다. 육아는 무언가를 해내는 일이 아니라, 함께 살아낸 시간을 쌓는 일이다.

특별한 무언가를 해주지 않아도 괜찮다. 오늘 하루를 아이와 함께 살아낸 것만으로도 충분하다. 그 하루가 또 하나의 기억으로 남고, 언젠가 가장 그리운 장면이 될 수 있다. 좋은 아빠가 되는 길은 멀리 있지 않다. 지금, 이 순간, 아이와 함께한 이 하루가, 언젠가 내가 가장 오래 기억하게 될 시간일지도 모른다.

> 육아에 바로 써먹는
> 한 - 줄 가이드
>
> '특별한 하루'를 만들기보다, 평범한 하루를 남기자.
> 아무 일도 없던 날들이 결국 추억이 된다.

육아로 삶을 다시 배웠다
오늘의 반복이 가족의 내일을 만든다

매일 같은 하루 속, 나도 조금씩 달라졌다

아이를 매일 보면서는 잘 몰랐다. 하루하루 함께 있으니 조금 자란 것 같기도 했고, 아닌 것 같기도 했다. 크는 속도가 이렇게 빠를 줄은 말로만 들었고, 실제로는 실감하지 못했다. 기저귀를 갈고, 밥을 먹이고, 잠을 재우는 일상에 정신이 팔렸었고, 하루를 잘 넘기는 것만으로도 충분하다고 생각했다. 그러다 오랜만에 집에 온 할머니가 아이를 안고 말했다. "이전엔 안아도 가볍더니, 이제는 두 팔로도 버겁다." 그 말을 듣고서야, 문득 멈춰서 아이를 다시 보게 됐다. 늘 내 품 안에 쏙 들어오던 아이가, 이제는 무겁고 단단했다. 내가 돌보느라 허둥대던 아이가 어느새 걷고, 먹고, 말하고 있었다. 옷이 작아졌고, 발소리도 커졌다.

나는 늘 같은 하루를 반복한다고 생각했다. 기저귀를 몇 번 갈았고, 분유를 몇 번 데웠고, 몇 번이나 같은 책을 읽어줬는지 기억도 나지 않았다. 세쌍둥이를 키울 때는 그 반복이 훨씬 더 많았다. 하나의 일을 세 번 반복해야 했고, 하루가 겹겹이 포개진 듯했다. 한 명의 기저귀를 갈면 다른 한 명이 울었고, 겨우 재우면 또 다른 아이가 깼다. 하루가 끝나기도 전에 다음 하루가 시작되는 느낌이었다. 제대로 끝낸 일보다 미처 못 한 일들이 머릿속에 더 오래 남았다.

매일 같은 일을 하고 있다는 생각에 지치기도 했다. 그런데 그 하루들이 쌓이는 동안, 나도 모르게 무언가를 배우고 있었다. 아이가 자라는 만큼, 나도 그 옆에서 조금씩 달라지고 있었다. 조급했던 마음이 느긋해졌고, 작은 일에 예민하던 내가 어느새 한발 물러서기 시작했다. 육아는 아이만 자라는 시간이 아니었다. 나도 그 옆에서 다르게 살아가는 법을 조금씩 배워가고 있었다. 그건 단지 육아의 기술이 아니라, 삶을 대하는 태도에 관한 일이었다.

처음에는 몰랐다. 아이를 따라가느라 나 자신을 돌아볼 여유가 없었다. 그런데 시간이 지나면서 내 안에서도 무언가가 조금씩 달라지고 있다는 걸 느꼈다. 말투가 부드러워지고, 걱정하는 마음이 조급함보다 앞서기 시작했다. 매일 반복되는 육아 속에서 내가 바꿔야 했던 건 육아법이 아니라 그날그날 아이를 바라보는 나의 태도였다. 이해하려는 마음, 기다리는 마음, 조절하려는 마음이 조금씩 나의 기본값이 되어갔다. 누가 가르쳐준 게 아니라, 아이를 돌보는 날들 속에서 자연스럽게 익힌 태도였다.

　육아는 나를 다그치기보다 기다리는 법을 먼저 가르쳐주었다. 처음에는 뭐든 빨리 해결하고 싶었다. 울음을 달래고, 잠을 재우고, 밥을 먹이는 일까지 하나하나를 바로 잡으려고 했다. 나는 그게 아빠의 역할이라고 믿었다. 특히 이유식을 먹일 때 그랬다. 숟가락을 몇 번이나 들고 나서야 겨우 한 입 삼키는 모습을 보면서, 어떻게든 한 숟가락이라도 더 먹이려 애썼다. 하지만 어느 날 문득, 그날따라 이유식을 거부하는 아이의 얼굴을 오래 바라보다 그냥 오늘은 안 먹어도 괜찮겠다는 생각이 들었다. 억지로 먹이는 것보다 아이 컨디션을 인정해 주는 게 낫겠다는 마음이 생겼다. 그날 이후로 나는 조금씩 달라졌다. 결과를 내기보다 과정을 지켜보는 쪽으로 마음이 바뀌었다. 기다림은 그렇게 시작됐다. 더 잘하려는 마음보다, 지금 아이가 어떤지 이해하려는 마음이 먼저였다.

정답보다 흐름

　육아는 내가 세운 계획을 자주 벗어났다. 가까스로 준비를 마치고 외출하려고 하면, 그때 꼭 기저귀를 다시 갈아야 했고, 낮잠 시간을 계산해 이동 중에 재우려 해도, 막상 목적지에 도착해서야 겨우 잠이 들곤 했다. 아이의 컨디션은 예측하기 어려웠고, 그런 일이 반복되자 하루를 계획하는 일 자체가 조심스러워졌다. 정확한 시간표를 세우는 것보다 중요한 건, 그날의 아이가 어떤 상태인지 살피는 일이었다. 기운이 넘치는 날엔 오래 놀아도 괜찮았지만, 조금만 피곤해도 같은 놀이가 같은 놀이가 금세 짜증스럽게 느껴졌다. 그럴 때마다 처음에는 내가 놓친 게 있는지 고민했지만, 시간이 지나자 결국 내 힘으로 조절할 수 없는 일임을 받아들이게 됐다.

또한 육아는 흐름을 읽는 일이라는 걸 알게 됐다. 하루를 계획하는 것보다 중요한 건 아이의 반응을 살피고 상황에 맞춰 조율하는 일이었다. 기분이 좋은 날과 피곤한 날, 감정이 예민한 날과 안정된 날은 모두 다르게 흘러갔다. 같은 환경에서도 매번 결과가 달랐고, 이전에 통했던 방법이 다음 날에는 전혀 효과가 없기도 했다. 하루를 평온하게 보내려면 어른이 더 유연해져야 했다. 정해둔 기준은 유지하되, 그 기준을 실현하는 방식은 매일 다르게 풀어야 했다. 그렇게 반복되는 하루 속에서, 통제하려는 태도 대신 흐름에 맞춰 나를 조절하는 쪽으로 무게가 옮겨졌다. 육아는 고정된 공식을 따르는 일이 아니라, 변화에 적응하는 태도를 기르는 일이었다.

육아를 하면서 시간에 대한 감각도 달라졌다. 예전에는 한 시간이 금방 지나갔지만, 지금은 짧은 시간에도 할 일이 많고 그 안에서 여유를 찾는 일이 쉽지 않다. 육아를 시작하고 나면 하루를 온전히 나만을 위해 쓰는 일이 거의 사라진다. 계획대로 흘러가는 시간보다 아이의 요구에 따라 움직이는 시간이 훨씬 많다. 무언가를 끝내는 데 집중하기보다, 중간에 끊기고 다시 시작되는 흐름에 익숙해져야 한다. 짧은 여유조차 아이의 상태나 상황에 따라 달라지니, 자연스럽게 주어진 시간 안에서 할 수 있는 일을 먼저 생각하게 된다. 그 과정에서 예전에는 지나쳤던 짧은 순간들이 더 또렷하게 느껴진다. 육아는 많은 시간을 요구하는 일이 아니라, 주어진 시간의 밀도를 다르게 느끼게 만드는 경험이었다.

아이를 돌보는 일이 익숙해졌다고 해서 쉬워진 건 아니었다. 여전히 예측은 어렵고, 변수가 많다. 그럼에도 나는 이 시간 속에서 내가 어떤 사람인지, 어떤 아빠가 되고 싶은지 조금씩 알게 됐다. 육아는 정답을 주지 않는다. 하지만 매일 선택하게 만들고, 감당하게 만들고, 다시 바라보게 만든다. 그렇게 살아가다 보니 내가 지향하는 삶의 방향이 조금은 보이기 시작했다. 아이와 함께한 시간은 내가 어떤 삶을 꿈꾸는 사람인지를 비추는 거울 같았다. 그건 누가 알려준 것도 아니고, 책에서 배운 것도 아니었다. 오직 육아를 통해서만 알 수 있었던 것들이다.

육아에 바로 써먹는 한-줄 가이드

아이와 함께 성장하라. 육아는 아이만 크는 시간이 아니라, 나도 다시 배우고 성장하는 시간이다.

아빠, 이런 생각하지 마세요

Q. 육아하면서 내 시간을 다 포기해야 하지 않을까요?

A. 처음에는 아이를 돌보는 동안에는 내 시간은 당연히 포기해야 한다고 생각했다. 하지만 막상 시작해 보니, 꼭 그렇지는 않았다. 아이와 함께 있는 시간에도 내가 좋아하는 활동을 조금씩 나눌 수 있었고, 낮잠이나 혼자 노는 시간을 이용해 짧게나마 나를 위한 시간을 만들 수 있었다. 내 시간을 완전히 포기하는 게 아니라, 형태를 바꿔서 함께 나누는 방법을 찾는 것이 중요하다.

아빠, 이렇게 하세요!

실전 TIP 함께 참고하면 좋은 지원 기관

육아는 혼자 해내야 하는 일이 아니다. 함께 나누고, 도움을 받으며 완성해 가는 과정이다. 필요할 때는 아래 기관들을 가볍게 찾아보자. 누구보다 아빠와 엄마를 응원하는 기관이다.

육아종합지원센터 홈페이지

◎ 육아종합지원센터
장난감 대여, 시간제 보육, 부모 상담, 놀이공간 운영 등
→ central.childcare.go.kr

가족센터

◎ 가족센터 (구 건강가정지원센터)
공동육아나눔터, 부부 소통 프로그램, 가족 상담 운영
→ familynet.or.kr

정부24

◎ 정부24
출생신고, 아동수당, 육아휴직 등 행정 절차 통합 서비스
→ gov.kr

혼자 고민하지 않아도 된다. 도움을 요청하는 일도, 좋은 부모의 중요한 역할 중 하나이다.

아빠를 위한 육아 용어 사전

1. 임신기

- 엽산

: 태아의 신경관 형성을 돕는 필수 영양소로, 임신 초기(특히 임신 1~12주) 섭취가 매우 중요하다. 부족할 경우 척추이분증 등 신경계 기형 위험이 커진다.

- 임당(임신성 당뇨)

: 임신 중 호르몬 변화로 발생하는 혈당 이상 상태. 조절되지 않으면 거대아, 조산, 산모의 고혈압 등으로 이어질 수 있어 반드시 정기적 검사가 필요하다.

- 튼살

: 급격한 체중 증가로 인한 피부 조직 파열, 한번 생기면 없어지지 않고 출산 후에도 때에 따라 가늘게 흰 선으로 남는다. 튼살 방지 크림이나 오일을 아침저녁으로 바른다.

- 기형아 검사

: 기형아 검사는 임신 15~20주 사이에 시행. 이 검사는 임신부의 혈액 속 호르몬 농도를 측정해 염색체 이상이나 신경관 결손증 등의 위험도를 예측하

는 검사다.
- 정밀 초음파 검사

: 임신 19~24주 사이에 시행. 태아의 모든 부분을 확인하여 심장을 포함한 주요 장기의 선천성 기형 유무를 확인하고, 태아의 크기 및 구조적 기형을 진단하는 검사다.

- 임신 바우처

: 임산부의 건강관리와 태아의 건강한 성장 지원을 위해 마련된 정부 지원금. 산전 검사, 병원 진료, 건강기능식품, 영양제, 산후조리원 등 임신 관련 비용에 사용 가능하다.

2. 출산 전후

- 가진통 vs 진진통

: 가진통은 임신 중 자주 나타나는 자궁 수축으로, 휴식을 취하면 사라지거나 간격이 길어지지만, 진진통은 자궁 입구가 열리고 진통이 규칙적으로 지속되며, 휴식을 취해도 사라지지 않는다.

- 분만 종류

: 자연분만(산도를 통한 분만), 제왕절개(복부와 자궁 절개 수술), 가족분만(가족이 참여하여 산모를 격려하고 분만 과정을 함께하는 방법), 자연주의 분만(의료 개입을 최소화하고 산모의 선택을 존중하여 자연스러운 출산을 돕는 방법)이 있다. 산모와 태아의 상태에 따라 분만 방식이 결정된다.

- 유도분만

: 예정일이 지나거나 의료적 필요가 있을 때 인위적으로 진통을 유도하는 방

식. 자궁경부가 충분히 열려 있어야 성공률이 높다.

- 산후조리원

: 산모 회복과 신생아 돌봄을 위한 전문 공간. 신생아 케어 교육, 산모 마사지, 식단 제공 등의 서비스가 포함된다.

- 선천성 대사이상 검사

: 출생 직후 혈액을 채취해 선천성 희귀 질환을 조기 발견하는 국가 필수 검사다.

3. 신생아기 (출생 ~ 100일)

- 모유 / 분유 수유

: 모유와 분유는 모두 신생아에게 영양을 공급하는 방법이다. 모유는 아기에게 가장 이상적인 영양 공급원이다. 분유는 모유를 대체하기 위해 개발되었지만, 모유와 완전히 똑같은 영양 성분은 아니며, 모유와 비교하여 장단점이 존재한다.

- 초유 / 유축

: 초유는 생후 3~5일간 분비되는 진한 모유로 면역 성분이 풍부하다. 유축은 모유를 아이에게 먹이기 위해 인위적으로 가슴에서 모유를 짜내어 보관해두는 것이다.

- BCG 접종

: 결핵을 예방하는 접종으로 생후 1개월 된 모든 아이에게 접종을 권하고 있다. 피내용은 가장 얇은 표층에 바늘을 넣어 백신을 주입하는 방법이며, 경피용은 피부에 주사액을 바른 후 9개 바늘을 가진 주사 도구를 이용해 두 번

에 걸쳐 강하게 눌러 접종하는 방법이다.

- 행복 출산 원스톱 서비스

: 출생신고와 함께 각종 출산 지원 서비스(아동수당, 부모 급여, 출산 지원금 등)를 통합 신청할 수 있는 서비스로, 온라인(정부24) 또는 주민센터에서 이용할 수 있다.

- 아동수당 / 부모 급여 / 첫만남 이용권

: 아동수당은 만 8세 미만 아동에게 지급되는 지원금(현금지원). 부모 급여는 만 0세~1세 아동 부모 대상의 양육 보조금(현금지원). 첫 만남 이용권은 출산 직후 일시금 형태의 바우처 지원이다.

- 출산 지원금

: 지자체에서 출산 가정에 지급하는 현금 또는 바우처 형태의 축하금으로, 지역과 자녀 수에 따라 금액과 조건이 달라진다.

4. 영아기 (100일 ~ 돌 전후)

- 영유아 건강검진

: 생후 4개월부터 6세까지 총 7회 진행되는 건강검진. 성장 발달, 시력, 청력, 영양 상태 등을 점검하며 무료로 제공된다.

- 기질

: 사람이 가지고 태어난 고유한 성정을 가리킨다. 천성이라고도 하는데 어떤 상황에서 보이는 타인과 구별되는 행동적 특성과 감정 경향을 말한다. 가장 흔하게 순한 기질, 까다로운 기질, 반응이 느린 기질로 분류한다.

- 모로반사

: 생후 2~3개월까지 신생아가 놀라거나 몸의 위치가 갑자기 변할 때 팔과 다리를 벌리고 손가락을 쫙 펼쳤다가 움츠리는 반사 행동이다.

- 터미타임(Tummy Time)

: 엎드린 자세에서 아기 목 근육과 전신 발달을 촉진하는 활동. 하루 수차례 짧게 시도하며, 기저귀 갈기 전후, 수유 직후는 피해야 한다.

- 구강기

: 생후 12개월까지 아기가 모든 것을 입으로 가져가는 시기를 말한다.

육아는 다른 사람들과 경쟁하거나
비교하는 과정이 아니다.
중요한 것은 부모와 아이가 함께 웃고, 울며,
하루하루를 채워 가는 것이다.

아빠가 되는 준비는 정답을 찾는 일이 아니라,
내가 어떤 아빠가 되고 싶은지를
고민하는 과정이다.

완벽하지 않아도 괜찮다.
당신은 이미 충분히 좋은 아빠다.
그리고 내일은 오늘보다 더 나은 아빠가 될 것이다.